傳家

春

氣氛生活
春花下的野餐

歲時節慶
元宵
清明
怎么看农民历

以食為天
米食
米与中国人
茶
茶具、茶席
蜜饯

匠心手藝
器物
中国女性服饰
珠宝首饰
春之礼
春天的花艺

齊家心語
给儿子的信——贾宝玉呀！
我们的朝代
出版
福慧双修
蓝楠香方
基本礼仪

生活札記
春天菜园
基本味觉
蝴蝶宴
传统疗法、人体对应
食安
计划、理财

春

蔡其南老师画作《弄影》

中國人的生活智慧

氣氛生活
溫泉池畔的小酌

歲時節慶
冬至
過年
生肖、宜忌

冬

以食為天
雞鴨魚肉
佛跳牆與家族樹
酒
火鍋
糖果

齊家心語
給先生的信——恩愛夫妻
叮嚀與祝福
我們的禮節
民族人物

匠心手藝
中國的線條圖案
樂器
家具
文字、書法
卡片設計
冬之禮
冬天的花藝

齊家心語
給長輩的信——讀我母親、父親、公公
結痂的傷痕
我們的戲劇
占卜與風水

生活禮記
秋天菜園
醬料
螃蟹宴
坐月子
中藥
家政、習慣、教養

生活禮記
冬天菜園
鍋碗瓢盆
火鍋宴
藥浴、運動、經脈
教材

秋

氛氲生活
水杉下的下午茶

歲時節慶
中元
中秋
命、相

以食為天
素食
大闸蟹
黄金好个秋
腌制风干
小点

匠心手艺
中国戏剧服饰
庆典设计
秋之礼
秋天的花艺

夏

氛氲生活
蓝色海岸的清凉

歲時節慶
端午
七夕
太岁
二十四节气

以食为天
面点
吃老虎的人
中式早餐
竹
冰品

匠心手艺
绘画
妆容与发饰
友情礼物
夏之礼
夏天的花艺

亲子心语
给女儿的信——翅膀硬了
君子之交与处世原则
谈教育
成语教育

生活札记
夏天菜园
辛香与粉
冰宴
草药
家人沟通

感谢　南怀瑾老师为本套书之书名亲题墨宝,并致赠本套书作者"愿天常生好人　愿人常做好事"之篆刻。

《传家》小言

南怀瑾

二〇〇九年初冬，国际知名建筑师姚仁喜偕夫人任祥到来，遇其同门登琨艳在座。登琨艳亦为享有国际盛名之建筑师，彼此适得其会，谈笑风生，讲说现代文明与建筑问题。正值此时，任祥取出她平日所作《传家》书稿，含蓄地说，请老师过目指示，且说明自己多年来光阴并未虚度，想为社会文明与中国文化做一点贡献。

我一边翻阅，一边颇为惊讶。目前大家都觉得社会风气大有问题，中国人的生活方式，亦正处于不古不今、不中不外的转变之中，大家莫衷一是。任祥是世家名媛，她的父母是我老友，皆为台湾当时政治、经济、文化界的名人。她关心世事，为保留传统文化，中国人生活起居部分习俗，以及启发后辈少年儿童鉴古知今、继往开来的知见，撰写此稿，甚为难得。她生长在二十世纪中期以后的台湾，亲受家庭影响，在时代的剧变中，因感受中西新旧文化的激荡而不安。

台湾号称宝岛，在我幼年时期的心目中，只知道它是海外名山，蓬莱仙岛，可望而不可即。推溯十七世纪中期，明末清初之际，郑成功率领全国各地豪杰，及不愿做贰臣者，进驻台湾、澎湖，因此二百余年来，尚能保留中国传统文化与各地生活的习俗。及至二十世纪中期，中国的局势掀起空前未有的变数，导致全国各界人士及诸多文化精英迁移台澎，这是又一次中国文化在台的汇流。由于历史上这两次的文化总汇，虽不尽能代表中国全体各民族的传统生活习俗，但也具体而微，足以代表中国文化于一隅，其中包括了客家文化、八闽文化、瓯越文化等遗风，这些大致都脱胎于河洛文化的古风。

任祥生当此际，并不热衷追逐富贵荣华，而能做出一般人漠不关心，却与中国人生活最为切要的大事，极为可钦可佩！故喜为之介。

二〇〇九年十二月　岁次己丑初冬

传承的智慧

宗萨蒋扬钦哲仁波切

　　要生活得既丰饶又和谐，并且不伤害他人，可能是人类文明最基本的努力。要能成功地达到这种生活方式，就需要有智慧、务实与信念作为工具。这些生活工具，经过长时间的发展，就产生了我们所谓的"文化"。特别在中国文化之中，许多生活上的传统更融合了伟大思想家的智慧，世世代代传递下来。外国人可能会赞叹书法或针灸等特殊的文化，但是他们不见得能深入了解茶道、中秋赏月以及其他更多面的中国文化智慧。

　　每个人都希望自己是独特的，都希望被他人所注意；然而每个人也都期待有个归属感。我们各自所归属的独特文化，是和朋友、家人联系的媒介，也是认同感与安全感的来源。我们创造了个人的特质，但也不与他人疏离，这是每个人日常的挑战。同样的，在文化上，由于维系了文化认同，我们也保持了自信。但是，在现今快速的世界里，人们太容易在不同文化的交错中借用与混合，也太容易制造短暂而无法延续的时尚文化。这种趋势，是企图将所有的事物都变成相同、连锁而一致的。对于亚洲文化古老的价值以及远见的智慧，大家似乎愈来愈缺乏欣赏的耐心了。如果我们屈服于这种趋势，就会失去在内心深处能与我们对话的古老传统。有一天，我们可能会发现自己在一片荒漠当中，四下无人；我们可能变得无法与他人相处，甚至也跟自己失去联系。当然，文化会演变，没有一种文化能历劫不衰。但是我仍相信：我们宁愿演变，而不要失去记忆。

　　生活在现今的世界里，想要抵抗即刻的满足感是很困难的。我们想要快速完成事情的强烈需求，导致了对各种细节的缺乏耐心。我们正处在一个变迁的边缘，即将失去传统与仪式的传承智慧。我们似乎认为规规矩矩泡壶茶是浪费时间，却不理解珍惜这个过程才能让生命充实而从容。其实我们是可以从容地进食、从容地度假、从容地玩乐的。

　　对于自己的传统，我们有责任去理解与实践，并且将它传递给下一代。中国文化的海洋浩瀚无垠，远自老子、庄子等过往的大智者，一直到今天有心持续传统的人，源远流长、源源不绝。作者任祥以她的生活经验加上多年的努力，完成了《传家》这套书。她提供给我们对中国生活智慧一个易于欣赏、易于了解的全貌。这部广泛涵盖中国人生活文化的著作，出版的正是时候。我衷心地欢迎它的问世。

二〇〇九年十二月

任祥福慧传家

蒋　勋

二〇〇九年除夕跨年，朋友邀看大楼烟火，巧遇姚仁喜、任祥。

任祥颈项间戴一细金属丝嵌豌豆大浅灰宝石的饰品，很纤巧细致，好像贴着皮肤，是身体的一部分。

我说："是自己做的？"

她微笑点点头，一定是自己做的，才会有的得意满足。

我知道她做宝石金工一段时间，有自己的工作室，有时不眠不休，做金属抛光。

她颈项上的金属细丝饰品，使我想起印度的泰姬玛哈陵。好像是毫无因果的联想。但是，在泰姬玛哈陵的初日光线里，那些裁切成极细极细的彩色石头镶拼，婉转，曲绕，如丝如线，纠缠连绵，使人不相信那是石头。我想到"绕指柔"那三个字，原来是一种柔软，可以使人放下一切嗔痴，低头合十敬拜。

印度的美学里有一种柔软，最冰冷的材料可以柔软，最傲慢的身体可以柔软，最坚硬的心也可以柔软。

我看着任祥颈间与她肉身贴合的饰品，觉得众人烟火等待，像阿姜塔洞窟里一幕壁画。

我说："任祥，你前世大概在印度。"

姚仁喜听到，用他越来越"仁波切"的微笑眼睛看着我，指着任祥说："她的前世离我的前世不远。"

跨年的除夕夜晚，时间在过去，我们在等待时间过去，在我们自己的肉身中过去。

佛家说"宿慧"，是好几世累积的智慧。

我总感觉到"宿慧"，是身体里的某一种基因，现代科学查证不出来的基因。

也许在泰姬玛哈陵镶嵌过一块墙的手，那裁切石头成细丝的手，每一个动作的记忆，就留在身体里，会跟着身体，流转在不同的时间空间。有时候记忆像寂寂夜空，什么也看不见；有时候忽然在寂寂夜空里一刹那喷放出烟火，如梦如幻，彩色缤纷，华丽灿烂，如见前世，一霎时使人热泪盈眶。

任祥的母亲顾正秋老师是我敬仰的前辈，顾老师的声音是一种"宿慧"，顾老师的《锁麟囊》唱腔使我在一个晚上听到好几世的繁华与苍凉。

"宿慧"是可以让人有瞬间的领悟的，领悟的刹那，真如烟火，幻如烟火，常常是悲欣交集，不知是喜悦，还是感伤。

任祥家有一株肖楠，主树粗壮，枝干长伸，叶叶覆盖交错，看到就想在树下静坐躺卧。树可以有现世的庇佑，是酷热烈日下人的庇荫，是众禽鸟在枝叶间的依托，是虫蚁菌菇的攀附繁衍之所。

一棵树，是可以"不生不灭"的。

在泥莲禅河岸的菩提迦耶看到那棵菩提树，想到树也是有"宿慧"的，还是会低头合十敬拜。

任祥是带着"宿慧"来此生的，所以可以使身边朋友领悟许多事。

我喜欢任祥极认真地谈"贾宝玉"，极认真地谈她做的金工，极认真地为朋友海芋花田里的房子找可以搭配的陶盆和椅垫。

任祥的"宿慧"，看起来大多不是大事，体现在日常一般食、衣、住、行之中，是在生活间小小的细节里做好一些认真的"小事"。

"宿慧"是累世的记忆，领悟的时候，或许会带苦楚哀伤。但是，"宿慧"如果是传承在平凡生活中，这样的"宿慧"，平实自然，是真正的"福慧"。

看到任祥编著的《传家》，想起她每年送的礼物。

有的是一支蜡烛，上面用手工浮贴着唐诗，朋友来家中坐，烛光照亮屋内一角，大家都围坐烛光下。

有时候是一块手工肥皂，带着香茅草茶树的清香，是我沐浴时很深的触觉与嗅觉记忆。

有的时候是一方像黄水晶材质的印，上面有手工精细缠的纽结，我就系在腰带上，带去给学生看。

任祥分享了许多"福慧"。

想起一群朋友聚会，任祥忽然带着三十盒炒面出现，大家看到盒子先"哇——"一声赞叹。盒子是细竹篾编的手工盛篮，有一条三指宽蓝染花布束腰，一条正红色系带绑着。这样的盒子吃完炒面当然会带回家，有朋友来，就会拿出来献宝。

我想，"传家"，传的其实就是这样的"宿慧"，宿世累积的智慧，而且因为是在众生生活的平实中传承累积，所以是可以安稳于人间的"福慧"。

任祥花了不少时间整理传统"宿慧"里的点点滴滴，一杯茶，一碗汤圆，一盘拌饭，一片台湾红花布，一串手镯，都是可以在现代人生活中继续体现传承的"宿慧"，这命名为《传家》的集子在二〇一〇年春天出版，相信有着我们共同跨年在烟火里的祝愿祈福，祝福任祥，祝福朋友们，都可以"福慧传家"。

二〇一〇年一月十二日八里　蒋勋写于淡水河畔

出版缘起

好多年来，我一直想出版一套书，述说中国人生活中的美与智慧；也想送给儿女们一套让他们认识自己、珍惜传统价值的生活百科。经过近九年的努力，终于可以了却心愿，顺利出版。

这套书定名为《传家：中国人的生活智慧》。全套分春、夏、秋、冬，每季各自独立为一本，内容都以"气氛生活""岁时节庆""以食为天""匠心手艺""齐家心语""生活札记"六个单元，展现日常生活中的中国文化精粹。

搭配四季的风景与小食，传达当季不同的光影，塑造浪漫的生活景致，为每一册书拉开序幕。每一个季节以两个最具代表性的节日，详细地介绍自古流传至今的庆典礼仪。而流传于民间的农民历与二十四节气，也都以浅显易懂的手法做说明。

中国人一向很讲究吃，饮食文化在本书占了很大的篇幅，分别以主食、文化食物与零食三种方式介绍；有的以做法粗分类别，有的则庞杂如百科全书。我们的饮食文化，发展到现代，越来越丰富精致，却因为过分烹调与要求口味，不一定越来越健康。食物安全问题不断地出现在我们的生活中，身处忙碌的工商社会，我们更应加强现代营养学的常识，认识有机的重要，认识食材的体系，分清楚食物与食品的界线，时间酝酿与化学添加的差别，善用自然的搭配，适量使用盐分与糖分，选择好的油脂，如此才能兼顾美味与健康。我在"食物"篇提供的是分类方法、视觉效果、家传食谱、民间食补以及常用的中医药膳。

每一个中国人珍贵的文化血液，都被自古流传下来的艺术所熏陶，我整理出属于我们的服装、饰品、书法、绘画、器物、乐器、戏剧与生活中的线条；礼物的设计搭配、心意的传达等，这些都不难看到属于我们共同的语汇。四时的花艺与我多年来散在各地的珠宝家饰卡片设计等，也一并介绍于"匠心手艺"这个单元。此外我也将宜兰花布、蓝染花布、缝绣编，还有剪纸等艺术，分散于四季的摄影背景中。

"齐家心语"的设计，可以说是这整套书的骨架，字里行间不乏道理与教条，也蕴含着深厚的情感：是身为母亲，与儿女的教育对话；身为儿女，与上一代的感恩对话；身为妻子，与先生的爱情对话。这些文章，有些曾在报刊发表，其中的真实故事，在大时代戏剧化的过程中，也重叠出现在很多中国人的家庭，展现不同年代的长辈在面对苦难时的勇气和智慧。有些是我给家人的信，以及我从小到大的生活点滴。有些做人处世的文章则是提醒孩子们必须注意的。

　　我们的文化底蕴与先人智慧的结晶，则体现在出版、成语、谚语、格言、诗词、戏剧与历史上，还有历代各种名人的身上。这些中国人独有的文化精华，是我花了很多年搜集、整理的宝贵资料。中国人的宗教、教育方式、术数命理与生活生命、书信、公德心、礼节等，也都用散文或是图绘的方式介绍，种种的用心，都是希望儿女们能借此更了解他们的父母，以及先人的经历与智慧。本章节鼓励所有的家长为孩子们建置一本功德存折与诗词存折，我觉得这是人生中最重要的积蓄，希望他们能代代相传下去，丰富后代子孙的生命哲学与文化生活。

　　最后的"生活札记"，则是最基本料理生活的技巧与常识，如我的有机菜园、我的厨房、四季养身、食品安全、家庭管理、金钱管理、家人情绪沟通、父母亲碎碎念、好习惯建置等。我访问了很多女性朋友，有夫妻缘尽而离婚的，有婚姻幸福家庭美满的，有跟儿女与长辈皆能融洽相处的，也有父母对儿女的表现未达标准而失望的……我问的都是同一个问题："如果时光能够倒流，你对以前没做到的事，最想弥补的是什么？"然后，我在字里行间穿插了那些未了的遗憾和梦想。至于宴客，那是我们生活中的余兴节目，本篇也做了一些宴客设计的介绍。

　　我必须说明：我只是导演这一套书的人，绝不是如文字中见到的那个不可能的"完美女人"。家家有本难念的经，我当然也不例外的有一本复杂的经要修度，但我希望传承给后代的，则是生活中快乐的、美丽的、正面的事物。所以这套书画面的撷取、文字故事的撰写等，大多经过精心的美化与编排。

　　我不是专业作家，以后也没有其他的写书计划。这套书的出版，完全是一厢情愿，独自摸索筹划完成。它不是我的梦，而是一件我认为该做的事。既然该做，就未曾考量成本利润销路等问题，这当然不符合现今的出版行规。出版专业人士面对这套书，第一个反应可能是如何归类；其次是，内容这么多样丰富，当然要拆成很多本来卖！它的博客在哪里？如何培养社群？如何运用这套书中种种商机？如何把这个默默无闻的作者变成中国的玛莎·史都华（Martha Stewart），构筑一个时下最流行的"文化创意产业"王国？——在现代行销上，他们的考量当然是对的。只是我的目的与商业无关，我的时间有限，量力而为是原则。我一直提醒自己，不要混淆了初始的出发点。

我的出发点纯粹是想要提倡"家庭"的价值，想要传承、分享以及贡献。这么多年来，日日夜夜构筑与撰写这套书，其实常有一种孤独的感觉，因为我的背后并没有一个工作团队的支援。我嘲笑自己像个说客，抱着整套书的架构，自己写的剧本，几万张的照片，周游无数的地方，去见无数的人，请他们帮忙，并在他们的眼神中寻求做下去的勇气。

在撰写这套书的过程中，我常因某个小偏方，要跑好几次各地的遥远村落，想获得些流传在古旧厨房里的味道，或是某位传统女性身上的想法与学问，想记录她们务实的方式与技巧。甚至路上的行人都可能是我要学习、请教的对象。几年来的上山下海，交了好多朋友，他们都是帮助我完成这套书的幕后推手。而我寻求的共鸣，也都是对生活有着独到经验的前辈，譬如会烧菜的大厨、种菜的农夫、干练的家庭主妇、学校的老师、中医师、善做手工艺的阿姨、深知传统节庆礼俗的长辈与历史学家……当然还有一生致力于推动中国文化的伟大导师们。

我自己才疏学浅，所知的常识并未如史学家那样追究根底，所以本书的内容与资讯也许有不少谬误，在此诚心地期望前辈们惠予指正。当然我也希望，有一天这套书能以外文版呈现，把中国人生活中的智慧，正确地传递给外国朋友们，让他们了解我们生活的全貌，并且看到中国人生活中的美丽。

最后，也是最重要的一句话：能够给儿女后代留下这套书，是一种上天的恩宠。

姚任祥

二〇一九年一月

目

《传家》小言／南怀瑾　001
传承的智慧／宗萨蒋扬钦哲仁波切　002
任祥福慧传家／蒋勋　003
出版缘起／姚任祥　005
春序：我与阿祥走过春天／姚任祥　010

氛氛生活

春花下的野餐　016
留住

岁时节庆

元宵　024
元宵节的由来和习俗
灯笼
元宵与汤圆

清明　036
清明节的由来和习俗
润饼
金银纸文化

中国人的农民历　048

以食为天

主食——米食　054
米与中国人
拌炒・炊蒸・烩煮・竹皿・饭团・酒酿・
点心・团圆・粉片・糕粿・粥浆・零食

文化食物——茶　090
茶与壶的记忆
茶的种类
茶具
茶席

零食——蜜饯　108
梅子
蜜饯百科

匠心手艺

器物　122
史前文化
雨过天青、类银似雪

中国女性服饰 138
珠宝首饰 154
春之礼 162
礼尚往来——谈送礼的艺术
台湾红
春天的花艺 174
花 蛋糕
山蝴蝶

齊家心語

给儿子的信——贾宝玉呀！.......... 180
朝代 186
帝王相
中国人的出版 194
中国的出版总表
信仰 200
福慧双修
蓝楠香方
基本礼仪 公德心礼节 210

生活礼記

我的春天菜园 218
春天的菜园
我的厨房 232
味道 胃道
基本味觉

红烧・糖醋・咕咾与甜酸・宫保・麻辣・鱼香・卤・油爆・酱爆・葱爆・沙茶快炒・椒盐、盐酥・三杯・烟熏・拔丝・松・八宝・干煸・醋熘、糟熘・清蒸、清炖・粉蒸・避风塘・水煮

春 蝴蝶宴 248
养身 256
传统疗法
人体对应点
假做真食真易假
家计 272
家计理财计划

春序 我与阿祥走过春天

文艺界的朋友都很喜欢摄影家刘振祥,昵称他为"阿祥"——和我的名字倒很像呢。

阿祥的老家在阳明山,离我现在的家也很近。二十几年前我搬上山时,他因工作的关系搬下山了。不过他有空就回老家看看,说起山上种种,我们总有许多共通的话题。

我很羡慕阿祥的工作,能够常常进出各种表演艺术的场所,为演出者留下刹那的完美影像,或者记录他们珍贵的成长历史。我也羡慕他认识那么多艺术家,看得到他们在舞台上的风华,也看得到舞台下的传奇。但他与他们总隔着镜头,保持一种可进可退的距离,然后冷静地按下快门,捕捉住连艺术家本人都未察觉的细微表情。

我知道他很忙,但仍然抓住他跟我一起走过几个春天,期望留下一些我们都珍惜的影像。

"阿祥,我们去拍樱花好不好?"四年前我这么问他。

"如果是那片蔡律师的园子,现在太早了啦,大概再等三星期。"他这么回答我。可见他对我们山上的生态有多熟悉。果真,三星期后他成功地捕捉到空气中的粉质色彩。

阿祥晚婚,儿子"撰撰"长得和他一样憨厚可爱。有一次他带四岁多的撰撰回老家,顺便来我们家坐坐,大伙逗着撰撰玩个不停。后来我找出孩子们小时候玩的小卡车,撰撰立刻推到角落自得其乐地爬着玩。阿祥看了,不禁笑着说,他小时候没玩过汽车,"不过我们那时候,身边任何一样东西都可以拿来当玩具,跟邻家孩子间没有重复的玩意儿,而且那充满手工趣味的质朴小物件,可以让我们把玩好久。"——相较于年青一代的孩子,坊间的玩具大多制式乏味,制作粗鄙,玩不多久就厌腻了,阿祥的童年可真幸福!

阿祥和我一样爱动手做东西，手工制作过程中的喜悦，似乎是我们最大的生活乐趣。我们常感叹生活不怕没乐趣，只怕没时间享受乐趣。我做编织，做设计，他则帮撰撰做飞机、做竹蜻蜓、修玩具、拼玩具……在那过程中回味自己的童年，也享受着亲子之乐。这样体贴的父亲，这样幸福的孩子，在台北这个忙碌都会已经很稀少了。

"那么，阿祥，你对春天一定有很多特别的印象吧？"

"有啊。"他说，"春天的光影幻变，阳明山上有各种花：樱花、杏花、杜鹃花、梅花……前前后后有十几种色彩。尤其樱花盛开的时候，空气里到处弥漫着淡淡的粉红色。等花朵谢了，树上会冒出一粒粒小果子，我们就爬上树摘下来，用糖腌一腌，居然也是一种好吃的蜜饯。"

"还有呢？"我听得入迷，催着他再说。

"还有就是三、四月清明时节，山上常常飘着毛毛雨，田野里树林间到处冒出粉绿的鼠曲草，身上披着白色的细毛，开着黄色的小花，我们知道又有草籽粿吃啦！终于有一天，母亲一大早唤我们去摘鼠曲草，回来就看她在厨房忙个不停。然后大灶里烧起了柴火，灶上的大蒸笼冒着白烟，我们眼巴巴等着母亲掀开蒸笼的盖子。好不容易分到那充满草香味的草籽粿，咬下那香喷喷的菜脯米内馅，稀里呼噜急着吃上一口，根本顾不得烫舌头……"

阿祥说的这些，都不是在公寓里成长的撰撰可以享受到的。所以喽，阿祥，我们一起走过春天，你的镜头记录的，不也正是要给撰撰看的吗？

阿祥跟我在阳明山邻居家的樱花园，利用春天的嫩粉与新绿，搭配古典的中国餐盒，拍摄樱花树下缤纷而悠闲的气氛。"岁时节庆"的元宵节，我把孩提时代提的灯笼都设法找到或做出来，也介绍了典故与食物。清明是中国人祭祖的大节日，络绎不绝的扫墓人潮，说明我们慎终追远的精神。清明节吃润饼，有不同的历史典故与配料，习俗则同样流传至今。"农民历"则解读"怎么看农民历"，也解读了祭祖时的金银纸文化。

"以食为天"篇，主食部分详尽地介绍了米的种类、种植及各种吃法。它还传递给子孙很多的生活智慧。"文化食物"介绍茶、器皿与茶席。"零食"则用类似百科全书的手法介绍我们的蜜饯。

"匠心手艺"篇，介绍了史前文明以来到清朝的器物，这是一个浩大的工程，一笔一画地重绘博物馆或是私人的收藏品，成就了前所未有的中国人的"器物图标"。也把有记载以来的中国服饰史料，选了二十三套，委托实践大学服装设计系将版型制作出来，可提供爱好者一些灵感；用西式的丝绒雪纺等布料裁制，产生另外一种特殊的风格。本篇有我多年来的珠宝设计作品，还选用台湾宜兰花布，设计了实用的生活用品。并且介绍台湾才有的山蝴蝶，设计了干燥的樱花瓣为主题的装置艺术。

"齐家心语"篇，《给儿子的信——贾宝玉呀！》是从我的爱犬"贾宝玉"的故事写到《红楼梦》，并以之说明历史与人的剧情，常常是不断地在重复演变——尤其是错误的结局，必有其错误的原因——希望儿女们从这本伟大巨著中，了解中国人的人情义理，与做人处世该谨守的原则。有关历史的篇章，希望能一目了然地看到全景，于是我设计了一个永续的洪流，缩影于一个旋涡，让自己有感身处其中，这是一个鲜活的教材。"中国的出版总表"，洋洋洒洒把先人的巨著列出来，不难发现中国人的智慧不只在教条，属于生活的信息也非常广泛而有系统。分类的方式，则采用台湾图书馆的资料库查询系统，同时比对到以前《四库全书》的经、史、子、集分类系统。最早整理出来的书籍为此表的三倍之多，后来请教复兴中学的老师们，帮忙把目前在台湾的中文课程从小学到高中提到的书籍整理出来，我再把属于食物、医疗、生活百科等实用型的书籍加上去，其余的则予以删除。晚清之后的，则请教了很多位喜欢阅读的朋友帮忙整理，节录出来。此表纯属我个人的整理，一定有所遗漏，尚请前辈指正。"福慧双修"，是中国人对于仁德与智慧的显现，也是除了温饱与专业以外该有的生命功课，因此也粗略地介绍了我们的宗教类别及宗教文化活动。"蓝楠香方"，是以我家百年老树做的线香，除了介绍线香文化，也表达珍惜天地万物与尊重生命的生活观。"公德心礼节"以幽默的卡通绘制，教导我们基本的国际礼仪，祈望实践"富而好礼"的民族精神。

"生活札记"记载了"我的菜园"的春季种植经验，"我的厨房"介绍中国人所熟悉的二十二道基本味觉，"民族味觉配比图表"也介绍腌料与综合调味料，希望能减少初学者对烧菜的恐惧，读者可以自行降低盐分与油脂的比例，以符合现在饮食的趋势。"宴客"则以春天的蝴蝶为主题，设计了一场别致的蝴蝶宴。"养身"介绍中国人的传统疗法，其中按摩与脏器间的资料，来自许多学派与不同的经验承传，并非正式可以依据的医学论述，仅供参考。食物安全的议题与营养学则是现代父母需要"自修"的课程。"家计"篇则以一年之计在于春，强调生活计划与理财规划，那是非常重要的生命课题。

姚任祥

二〇一三年十一月

氣氛生活

春花花下的野餐

气氛生活

留住

姚任祥

轻柔的风拂过你绯红的面颊
多情的雨滴在你漾荡的眼帘
怎么样留住你此刻的心情　回眸的笑容
怎么样留住你不经意的烂漫　欲言又止的娇羞
且以这一番姹紫嫣红
留住你春光盈盈的容颜

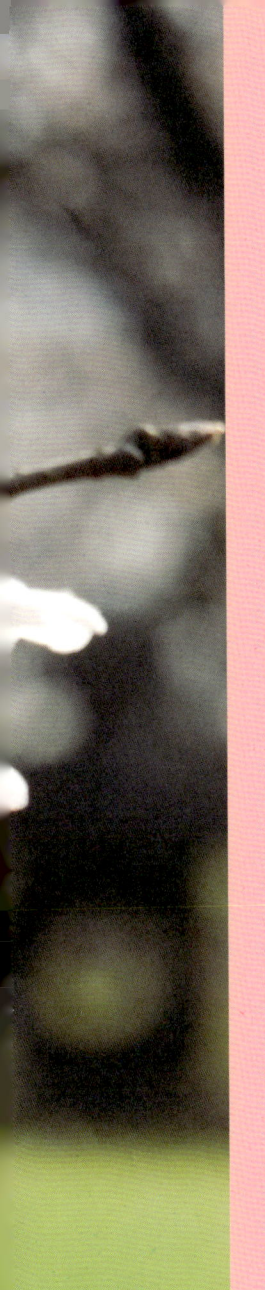

021
气氛生活

元宵

每年农历正月十五的元宵节,是农业社会新年假期的最后一天,因此又叫『小过年』。

元宵节就是"灯节"。孩提时代，为了能得到一个像样的灯笼提出去炫耀，平常再调皮的我们，元宵节前几天都会特别乖巧。我当时最渴望能拥有一部动物灯笼车，拉着它上街真是再快乐不过的事；我哥哥他们那些男生则最爱关刀、飞机。但是灯笼车很贵，我只提过一次动物灯笼车，其他都是普通的花灯。我邻居有个独生女，穿着漂亮的蛋糕裙，像个小公主，拉一只黄色毛茸茸的兔子灯笼车，真是羡煞所有街坊的女生。

有一年，隔我们几间房子的有钱人家的男孩，拉着一艘蓝色的军舰灯笼车，更是神气极了。但大概是太拉风了，男孩拉着它在公园跑着跑着竟突然着火了。那男孩慌得放声大哭，我们提着各自的灯笼围过去看，可能因大家靠得太近，风一吹又有两个灯笼着了火，一下子乱成一团。结果是大人忙着灭火，小孩子又哭又闹，好好一个元宵夜就这么提前画下句点。我虽然灯笼没有着火，却也跟着吓哭了，心不甘情不愿地被哥哥拉回家。那时我依依不舍地回首黑暗的公园，看到几个穷人家的小孩提着奶粉罐做的克难灯笼，那灯火仍在风中不停地闪烁着……

多年后我的小孩也到了可以提灯笼的年纪，我在市面到处找不着以前的纸糊灯笼，满街只见俗不可耐用电池点亮灯泡的塑料灯笼，而且造型也变成日本的"Hello Kitty""无敌铁金刚"，感觉真是失落啊。

为了拍摄记忆中的灯笼，我从大陆福州市找到几个手工灯笼，还去香港打听到一位夏中建纸艺大师。我跑去拜访他，形容小时候的灯笼形状，请他们帮忙做出来，希望将来有一天，我可以用这本书告诉后代，当我们还小的时候，过元宵节是多么的有趣。

每年农历正月十五的元宵节，是农业社会新年假期的最后一天，欢度元宵夜后，隔天一切恢复常态，因此又叫"小过年"。

　　元宵节起源于汉代，已经有两千多年历史。相传大将周勃在正月十五平定"诸吕之乱"，汉文帝为了庆祝，每年元宵节都会出宫与民同乐，并祭祀上天祈求国泰民安。

　　元宵节的趣味，就是各种花灯的呈现。各大庙宇也都会举办热闹的灯会活动，挂满平安灯，制作各式各样主题的花灯，并举办竞赛由民众票选，总是吸引人山人海。好友艾米，连生了三个女儿，她妈妈要她在元宵节去"绕灯笼"，因为"绕灯笼"与台湾话的发音"添丁"很像，她就于元宵节到台北的龙山寺去"添丁"。龙山寺的手工灯笼展像一片花海，吊在回廊上琳琅满目好不热闹，她诚心地绕，绕完回去后果然连生两个儿子。我们都为她好欢喜。

　　元宵灯会的娱乐节目则是"猜灯谜"。猜谜本是读书人之间的斗智活动，南宋时有好事者在元宵节把谜语写在纸条上，贴上灯笼供人猜谜，因为好玩有趣，老少咸宜，立刻蔚为风潮，演变成有奖征答的趣味活动。灯谜虽然不是什么伟大的文学作品，但在创作上不但要讲究"语圆""意明""体备"等原则，而且至今已经衍生出数十种格式，通常会注明在谜题后供人参考。以常见的"卷帘格"来说，就是要把谜底由下而上倒过来读，像珠帘倒卷一样，例如"九千九百九十九"（猜成语一句），卷读为"失一无万"，倒回来正读就是谜底"万无一失"。

灯谜

灯谜发展至今，已经衍生出数十种格式，如卷帘格、燕尾格、摘匾格、白头格、徐妃格、求凰格、素心格……

摘匾格：朝辞白帝彩云间。（猜一物） 篱笆

门庭若市。（猜一字） 闹

白头格：一枝红杏出墙来。（猜一人物） 员外

三人同日去看花，百友相逢共一家，禾火二人相对坐，夕阳桥下一对瓜。（猜四个字） 春夏秋冬

除了花灯和猜谜，元宵节在各地还有一些特别习俗，台湾最出名的就是"南蜂炮、北天灯"。台南市的"盐水蜂炮"，刺激、壮观，亲身经历过的人都终生难忘。这习俗源自清朝光绪七年，盐水一地长年饱受霍乱肆虐，居民十分恐慌，向当地武庙供奉的关圣帝君祈求解灾救难。关老爷托梦要在元宵夜坐轿出巡，并指示信众跟随沿路施放鞭炮，绕境到天明就可将邪魔赶走。信众依法照做果然灵验，从此变成每年元宵节的固定活动，阵仗也不断扩大。

盐水蜂炮通常在元宵入夜后进入高潮，持续到凌晨天明才结束。全副武装的轿夫扛着神轿在大街小巷穿梭，所到之处，蜂炮四射，好像身处枪林弹雨的战场。特别是经过沿路商家搭建的各式各样大型炮台，更有万箭齐发的震撼场面。如果观众没有戴全罩式安全帽，很容易挂彩。

相较之下，新北市"平溪天灯"走的是较具意境的温馨路线。天灯又称"孔明灯"，相传是诸葛亮发明，作为军事通信用途，被公认是热气球的始祖。天灯的主体是用竹篾做支架，再用宣纸或油皮纸糊成，体方口圆，底座的中间绑了一块沾着煤油的布或一层金纸，点燃后，热空气使得主体膨胀，天灯就冉冉上升。清朝道光年间，福建安溪的农民陆续移民到平溪、十分等山区开垦，但入夜后常有平埔族出草及盗匪骚乱，村内只剩壮丁留守，老弱居民则暂避深山。等盗匪退去，壮丁就会施放天灯，示意老弱居民返家，后来即逐渐演变成元宵节祈福的活动。现在的元宵节，很多游客涌至平溪，在天灯上写下各式各样的愿望，然后施放升天祈福。入夜后站在群山环绕之间，静静欣赏着天灯随风飘扬，这样的许愿方式非常别致，这样的意境更是迷人。

元宵节就是「灯节」,灯节的趣味就在各种花灯的制作,过去多用纸和竹扎出动物、水果、飞机、关刀等各式各样的主题。

灯笼

元宵与汤圆

　　北方人称"元宵"，是用竹筛摇滚而成圆形；南方人称"汤圆"，是用手搓揉成圆形。早在唐代就有它的记录，称为"粉果"，宋朝称为"圆子"或"团子"，明朝永乐年后才通称"元宵"。元宵大多以甜的口味为主，馅料切成小块后，放在装满糯米粉的竹筛内滚成圆球，煮出来的汤头比较浓浊。汤圆的做法像包饺子，必须先把内馅塞入，馅料有素有荤，汤头比较清爽。汤圆或元宵的馅料千变万化，在中国各地的吃法也不尽相同，著名的有苏州五色汤圆，南京雨花石汤圆，山东芝麻枣泥汤圆，广东四式汤圆和上海的擂沙汤圆、酒酿汤圆、蟹粉汤圆，四川的赖汤圆、心肺汤圆，江浙的藕粉汤圆，台湾的豆沙汤圆、咸汤圆等。

台湾的咸汤圆，包的内馅是猪绞肉，汤头以大骨熬制而成，配上炒香的蒜、葱、香菇丝、茼蒿菜，最后还要撒上现磨的胡椒，香气四溢，让人垂涎。另有一款祖国大陆的吃法是，以姜末与切碎的韭菜叉烧同炒，拌入盐、糖，再加入猪油渣和炸过的碎花生，把这些馅料包入糯米皮中煮熟后，放入以老母鸡熬的鸡汤，再加上虾米，香润无比。上海的蟹粉汤圆，内馅是选用肥美的蟹黄、蟹肉与猪肉混合，鲜美至极。四川的心肺汤圆，内馅系以冬菜、豆腐干丁，先用猪油炒过，汤头则有卤过的猪心、猪肺，吃的时候再加上葱花、蒜末、花椒粉、辣椒等，口味比较厚重。

控制水温从温到热，并且最后再放糖，可以避免汤圆煮到肚破肠流。好吃的甜汤圆必须是油而不腻的，糯米要有不粘牙的口感。甜汤圆的内馅，大多是由芝麻、白糖、猪油等配制而成，也有用绿豆、红豆、冬瓜糖、芋头。

我最喜欢的甜汤圆是包枣泥馅。红枣煮熟去核后，捣烂成泥，加入猪油、白砂糖搓成馅心，汤圆包好煮熟后，还要放到炒熟的芝麻与砂糖混合的料里滚一圈，和上海擂沙汤圆蘸"香沙"吃的道理相同。不同的是，擂沙汤圆的"香沙"，是以炒过的花生、芝麻或黄豆磨成粉，不过两者的口味都是既油润香浓又软绵甜美。

我母亲则是最爱酒酿汤圆。白汤圆投入酒酿汤锅中，再加上熟透的香蕉、剥掉皮的橘子、糖与桂花酱煮熟，吃的时候觉得又甜又香，吃完后嘴里留下一点点酒酿的酸，让人回味无穷。

南京雨花石汤圆则最奇巧，它源自潮州的小点心，以糯米团加上可可粉或是抹茶粉，搓揉成像雨花石一样纹理的汤圆外皮，并可搓成圆、略方，或尖，或扁，以此等不同的形状来分辨其口味。

汤圆也可以油炸，必须用文火，温度不要高，将汤圆裹上蛋清，并用牙签在汤圆身上戳几个小洞，以免油爆喷出来。炸好之后，放到吸油纸上去油，再装盘食用。此时外层酥脆，内层还保有糯米的软绵，里面的馅料香甜暖胃，让晚餐有个完美的句点。如果是无馅的圆子，油炸后蘸白糖吃，也是一道素朴的甜点。

清明

「清明」约在公历的四月四日至四月六日之间,此时正值大地回春,最适合全家外出踏青游春,并扫墓祭拜表达孝思。

我公公为了他父亲的健康，幼年时代在桃园乡下曾独自跑到坟墓进行"盖魂"的仪式，我觉得他好勇敢，孝心感人。我公公的回忆录中如此写道：

我十二岁那年，父亲生病了，一直没有好，母亲只得陪他去住院。哥哥姐姐都在台北念中学，只有我孤单在家。想起地理师曾对母亲说，父亲的病可能起因于伯母（父亲的前妻）的墓地风水不好，在改善之前必须以"盖魂"的仪式祈求父亲康复。所谓"盖魂"，就是用稻草捆成束，覆盖在墓碑上。

有一天下课后，我一直在想这件事，家里没有人在，是否该由我去完成这件任务呢？但想起墓地阴森森的，有点犹豫不决。看到日头就快落山了，为了父亲，我终于鼓起勇气，出门去找伯母的墓。

到达墓地时，只见许多新旧墓碑夹杂在芒草堆中，风吹动着长长的芒草，好像鬼魂在招手。我弯下腰一个个找，怎么都姓"姚"？——后来才知道不是"姚"，而是"妣"字（意指过世的母亲，父亲为"考"字）。

天快黑了，我又急又怕，终于在小河边找到伯母的墓碑，高兴得眼泪流下来。我跪拜在墓前，烧香向伯母报告父亲生病的事，一直乞求她保佑父亲早日康复，最后把带来的稻草束覆盖在墓碑上。完成仪式后，天已暗了，我快跑着离开墓地，回到家深深地吸口气，心情好久才慢慢平复。在神桌前双手合十，再一次向神佛祈求父亲早日康复，我很高兴完成这么重大的使命。

台湾人很早就有这样的习俗：如果家中有人生病，就到祖先的墓前上香，祈祷祖先保佑。中国人普遍深信，"阴宅"的风水会影响家运与健康。而清明扫墓，更是我们对祖先慎终追远所发展出来的独特节日。

"清明"是二十四节气之一，约在公历的四月四日至四月六日之间。历书记载："春分后十五日，斗指丁，为清明，时万物皆洁齐而清明，盖时当气清景明，万物皆显，因此得名。"此时正值大地回春，花开遍野，最适合全家外出踏青游春，并扫墓祭拜表达孝思。

扫墓源自古代帝王将相的"墓祭"之礼，后来民间也予以仿效。古代墓祭始于农历三月初三的"上巳节"，后来"上巳节"逐渐演变为到水边游春的习俗，如杜甫诗《丽人行》首句："三月三日天气新，长安水边多丽人。"

宋代以前，扫墓祭祖的主要节日是"寒食节"，时间在冬至后的一百零四至一百零六天，相传是春秋时代晋文公为纪念忠臣介子推而来。晋文公年少逃难时，介子推曾自割股肉煮给他吃，但晋文公即位后，介子推偕母避入深山不愿当官，晋文公纵火要逼他出来，没想到竟把他们烧死了。他深为自责，遂定介子推的祭日为寒食节，前后三日不得生火，只能吃冷食。由于介子推是抱着枯柳被烧死，家家户户也会在门上倒垂杨柳，或把柳枝圈成柳帽戴在头上以示纪念。

而寒食节所衍生的润饼餐点，也成为清明节的应景食品。由于上巳、寒食、清明三个节日时间相近，才逐渐演变成清明时节为故人扫墓的习俗。

台湾扫墓主要有两种仪式：

一、"挂纸"：又称"压纸"，有替祖先整修居所之意。须先铲除墓地的野草树枝，再以小石头把长方形的纸钱（北部为五色纸，南部为黄纸或白纸），分别压在墓头、墓碑以及墓旁的"后土"——土地公牌位，象征子孙为祖先居住的房子增添新瓦，也表示墓地有人来祭扫过。

二、"培墓"：这是比较隆重的祭墓仪式，如果一年之内家中有添丁、娶媳、购置田产等喜事，就要进行培墓；初葬的新墓还必须连培三年，备极哀荣。

培墓要准备两份祭品：一份以三牲（猪、鱼、鸡）祭拜"后土"，一份以五牲（另加鹅、鸭或鸭蛋）祭拜祖先；另加十二菜碗及红蛋、粿类、糕饼、酒水等。

接着是烧金。感谢土地公，祭拜后土要烧刈金。祭祖要烧四方金、寿金。新丧则要烧库钱、往生钱、银钱。然后全家要围在坟墓四周吃红蛋，把蛋壳撒在墓地上，以示"新陈代谢"之意。如有添丁之喜，还要带一对"子孙灯"前往祭拜，再把蜡烛插于灯内点燃，带回家置于供桌，象征子孙兴旺。

最后是放鞭炮，表示扫墓仪式完成。早期农业社会，邻近的儿童听到鞭炮声会凑过来，扫墓人家就分发拜过的红龟粿给他们。红龟粿不够，就发钱，这种习俗称为"揖墓粿"，意思是请附近孩童帮忙看管墓地，不要随意践踏。但这种习俗现在已近绝迹。

现代社会土葬越来越少，很多是经由火葬，把祖先骨灰安厝于纳骨塔。前往纳骨塔扫墓，仪式则明显省略了很多。而身在海外的中国人，清明节反而演变成家族相聚的日子，很多人会在家人们的墓前野餐，有着另外一番景象。这种络绎不绝的扫墓人潮，说明了中国人不管在哪里，都有着慎终追远、感念先人不忘本的承传。

润饼

一般人大多知道，吃润饼的典故源于春秋时代晋国（今山西）的寒食节。历经两千多年的演变，润饼文化在闽南地区发扬光大，农历三月三日、清明节，甚至过年，各地都有吃润饼的习俗。近几年在台湾，还出现润饼小摊或专卖店，想吃就买得到。润饼既方便又可口，而且很健康，这是它受欢迎的原因。

　　我的朋友小如，每年冬笋上市的季节都请大伙到她家吃润饼。她的润饼，除了一般的配料以外，最重要的精华是那锅焖煮了三天的冬笋卤。这碗卤放入大碗之前，碗内要先倒扣一个小碗，如此冬笋丝倒入后不至于全泡在汤汁里，包入饼皮内才不会太湿，吃起来干润适度，笋香扑鼻。

　　润饼一定要现包现吃，每一家的厨房都能做出独特的口味，关键之处在于饼皮的劲道。台北士林有一家世代做饼的店，面粉的比例是他的传家之宝，我每次去买，看着老板的手抓着一坨面团，好像重得随时会垂下来，他却能熟练地在热烫的平板锅上"擦一下"就夹起薄薄的一张，半斤装一袋，不可封口，回家后要立刻用湿布盖着，以免边缘失水干裂。介绍润饼的食谱说饼皮用高筋面粉做才会Q，但我照着做了几次，就是做不出那家店的劲道。

　　润饼的配料可自由变化，大致上有蛋皮、高丽菜、红葱头、四季豆、胡萝卜、豆芽、韭菜、豆干、芹菜、肉丝等，分别用一点点油炒过或是用热水烫过。台南人还会加上唯一不是丝状的皇帝豆。此外，花生粉、鳊鱼（是一种比目鱼科，大约十厘米长，油炸过打碎使用）、虎苔或是海苔等则是增加滋味的重要材料。花生粉总是第一层撒上的材料，有些会加上些糖。我们家除了上述外，还会加上风鸡来提味。风鸡就是用盐与胡椒先在干锅内炒熟，然后抹到鸡腿上按摩，蒸出来有一种略咸的口味，用手撕成条状搭配。有些人会在包以前在润饼边上涂上一层海山酱。

　　润饼于清明时节吃，除了"寒食节"的典故，其实也因它很适于春天郊游的野餐。杜甫诗《立春》首句即云："春日春盘细生菜。"中国自古祭拜春神都要献"春盘"，盘中放的是五种生辛菜：青蒜、小蒜、韭菜、芸薹、香菜，所以"春盘"也称"五辛盘"。五辛的音也有五新之意，人们吃了立春前后新长的菜蔬，可调服身体五脏，蓄积生命能量迎接夏季的来临。因此，以前的润饼食材中，总有五辛配料。不过现在已不常看到小蒜、芸薹等配料，反而是海里的植物"虎苔"成为重要的提味料。"虎苔"是一种很小的海藻，必须洗净其内的细沙，然后用小火炒透，味道香鲜。

　　郊游之前,在家把润饼的配料一一准备好,在野外包起来一卷一卷地吃,既有味觉与视觉的享受,变化多端的口味也胜过三明治,而且容易控制分量,不至于浪费。

　　拍照这一天,我还做了点儿酸梅汤与冬瓜茶,作为野餐的饮料。近几年来,台北市仰德大道的林语堂故居每年都举行润饼节。林语堂是漳州人,很爱吃润饼,妻子廖翠凤是厦门人,很会做润饼。每年的润饼节,主办单位请大饭店善做润饼的厨师到现场,重现林语堂家的润饼风华,并有舞蹈、南管的表演助兴。文人雅士来参加润饼节,除了艺文飨宴,也会请教厨师的诀窍或分享自己做润饼的经验。

　　林语堂故居的润饼节,如今已成了台北市很受欢迎的春天活动。

金银纸
文化

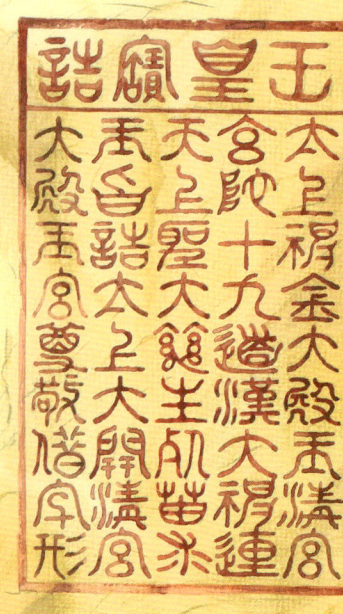

中国人一向敬天地、祀鬼神，举凡年节民俗、祭拜祖先、普度祭祀、敬神礼佛、驱邪镇煞、祈安求福、谢恩还愿，几乎都会烧金拜拜，祈求消灾解厄。金银纸文化得以流传数千年，在于它能传递并维系民俗信仰与生活方式，而且能求取心安。

习俗上而言，金银纸是中国人认为通行于阴间的货币，也称冥币，是人为了表达关心而烧给鬼神使用的。东汉蔡伦发明造纸术后，中国即开启纸钱祭祀的文化，并从唐代之后逐渐盛行，进而衍生金银纸的形制。宋代发行纸钞后，民间开始模仿制作有图案的金银纸，奠定现行金银纸的基础。

冥币分成金纸、银纸与纸钱三种：

金纸又称"神纸"，是烧给各种神佛使用的。它的正面裱有锡箔，锡箔上涂金油，且正面和侧面都盖红印。种类则分为天金、寿金、刈金、福金等，名目繁多，主要是依照神佛的阶级来区分。

银纸又称"冥纸"，用于祭祀祖灵、鬼族。它的正面裱有锡箔，但不漆金油，正面也大多不盖红印。种类主要区分为大银、小银，大银是用于祖灵及入殓，其他则用小银。

纸钱又称"准金银纸"，种类与样式繁多，通常会以图案与印文表达用途，大多是佛道法师于消灾解厄、超度法事之用。

我记得父亲过世要出殡的前几天，很多亲友聚集在一起，有的叔叔伯伯还带着自己的毛笔来写挽幛或挽联，以诗词描述逝者的风范或表达对逝者的缅怀之情。而阿姨伯母们，则围在一张大桌子前，用银色正方形的锡箔纸折元宝，折到一定数量就装进一个大的红色袋子里，袋子的正面右方印了"省县"，要填上逝者的籍贯，中间印了"收用"，要填上逝者的姓名与称谓，左下方则印上"阳上"两字，要填上自己的名字。

后来我们每年去父亲坟前扫墓时，都仍照着同样的规矩，带很多大红信封去烧给父亲。现在的锡箔元宝可以买现成的，不需自己折了。每次我跟孩子们解释这件事时，他们都很好奇，想知道这些信封烧掉后，会有信差把它们送到父亲江苏省宜兴县的老家吗？他老人家是否真的会在云端收到呢？我只能对孩子们说，这样做主要是求得自己安心，其他的也许是一个说不清楚的民间习俗吧。

中国人的农民历

。水雨名故、雨為而化，水為而散皆雪、凍解風東時，水雨為壬指斗。

28	27	26	25	24	23	22	21	20	雨水	19	18	17	16	國曆星期
星期日	星期六	星期五	星期四	星期三	星期二	星期一	星期日	星期六		星期五	星期四	星期三	星期二	
二元四上元〇時五福子時入巽宮	子亥左輔 聖人登殿		丑亥三時 貴人登天 月德	侯雁北 歲德合時五福卯 時入艮宮	十龍治水	◐上弦辰 正08 42 48	人日瑞彩 天曹遷賞 月德合	天德合	台灣丑時三十五分 日沒：十七時五十分 日出：六時二十六分	獺祭魚 今日雨水 歲德	麒麟	鸞食四葉 大姑把蠶 時入中宮天德香	天德時五福 時入中宮	重要紀事
十五元宵	十四	十三	十二	十一	初十	初九	初八	初七		初六	初五	初四	初三	農曆
己酉	戊申	丁未	丙午	乙巳	甲辰	癸卯	壬寅	辛丑		庚子	己亥	戊戌	丁酉	干支
土	土	水	水	火	火	金	金	土		土	木	木	火	納音
赤七	白六	黃五	綠四	碧三	黑二	白一	紫九	白八		赤七	紫九	白八	赤七	飛星
危	破	執	定	平	滿	除	建	閉		開	收	成	危	建除
房	氐	亢	角	軫	翼	張	星	柳		鬼	井	參	觜	星宿
三訟 八	二升 六	六蠱 七	四井 三	七巽 三	中孚 五	八恒 七	九鼎 七	一大過 三	種植	二姤 九	二復 二	一頤 六	四屯 九	卦象
䷅	䷭	䷑	䷯	䷸	�	䷟	䷱	䷛		䷫	䷗	䷚	䷂	
宜	宜	宜	宜	宜	宜	宜	宜	宜	北部：米豆、絲豆、烏豆、番椒、薙椒、結球、萬苣、石刁柏、白豆、紫蘇、中部：番石、白豆、絲瓜、紫蘇、烏豆南部：白筍、蓮藕、絲瓜、紫蘇、石刁柏	宜	宜	宜	宜	每日喜忌
安門入宅開示入殮啟攢祭祀破土安葬祈福	宜祭祀破屋壞垣 ●日逢月破日大凶不宜諸吉事	拆卸安門安床入殮啟攢祭祀祈福納采開光安葬裁衣修造動土	安葬祈福納采開光安門安床入殮啟攢祭祀嫁娶裁衣出行移徙修造動土 ●忌栽種安葬	祭祀裁衣修造動土安床入宅開市納財入殮安葬 ●忌開市安葬	平治道塗作灶	祭祀祈福嫁娶安葬 ●忌作灶	合帳修造動土安床入宅開市納財入殮安葬出行立券交易祭祀祈福納采栽衣 ●忌動土嫁娶（勿探病）	裁衣合帳開市立券交易納財牧養啟攢安葬安床入殮 ●忌入宅作灶 ○七日得辛 ○七牛耕地 ○	漁撈 新港：釘鯸安平：白帶、沙魚、馬鮫高雄：石鯛、釘鯸、沙魚、鯷魚	祭祀祈福出行納采栽衣嫁娶開市立券交易 ●忌安葬入宅（刀砧）	祭祀裁種牧養納采裁衣安床 ●忌安葬作灶（刀砧） ●日逢受死日不宜諸吉事	宜破土安葬	祭祀嫁娶出行裁衣修造動土納財破土安葬祈福納采開光安門入宅入殮啟攢 ●忌作灶安床	
午申辰巳	巳午丑辰	卯酉巳辰	酉戌巳未	申酉寅卯	申酉寅未	未戌卯巳	午巳子卯	午未寅卯		申酉辰未	午未寅卯	午未卯巳	午酉辰巳	每日吉時
正東北	正東北	正西南	正西南	西南	東北	東南	正南	正西南		正東北	正東北	正東北	正西南	每日財神
歲沖兔東48	歲沖虎南49	歲沖牛西50	歲沖鼠北51	歲沖豬東52	歲沖狗南53	歲沖雞西54	歲沖猴北55	歲沖羊東56		歲沖馬南57	歲沖蛇西58	歲沖龍北59	歲沖兔東60	每日沖煞
外占東北門	房內東爐	房內床東	倉庫內東廁	房內磨東碓	廚灶內東栖	房內雞南門	房門南爐	房倉內南廁		房廚內南灶	房占內南床	房內南門	倉庫內北門	每日胎神

每年年初，我都会在书架上放两本新的《农民历》，遇到需要选择好日子的时候，就可以派上用场。我想许多人和我一样，都以《农民历》作为择日的参考。其实择日并不是什么迷信，这是我们文化中的宝贵承传，我只用来择日使用还真是很丢脸，其中的阴阳五行学问广大，我们却只懂得选最简单的一个功能在使用。

目前坊间的《农民历》版本众多，我通常会选用"三元"与"三合"两个版本。听长辈说，其中一个版本为皇室所使用，为了避免历书中的智识流入民间取而代之，所以特别改编另外一个版本给老百姓使用。市面上的历书内容经常出现差异，以两三个不同版本相互比较，让人觉得比较安心。

《农民历》是全世界最畅销的书籍之一，光是台湾一地，一年的印制数量就超过六百万本。它是"中国人的生活圣经"，不仅把老祖宗的生活智慧传承下来，也一直深深影响着我们的家庭、生活和工作。

古时的中国是游牧生活，以狩猎为主，至尧帝时期才渐具农业社会雏形。为了有利于农事的进展，提供农民播种收成的参考，精确掌握大自然变化的农民历遂应运而生，在科学与资讯不发达的时代，它扮演着气象局、农委会的角色，提供天文历法的知识，也是传递讯息的一种媒介。

农民历初创于距今五千多年前的夏朝。汉武帝太初元年，颁布统一采行"夏历"，而一直沿用至今，也称为"黄历"，又叫"通书"。相传历法乃黄帝所创，"黄历"是"黄帝历"的简称。另有一说，"黄历"是古代帝王授权钦天监所制，由皇家发行，且以黄色为外装，故名"黄历"。清朝初年，民间私印非常猖獗，乾隆皇帝因而顺应民情，于乾隆十六年（公元一七五一年）准许民间翻刻官印"黄历"，不必再盖钦天监印信，以利农民广为使用，迄今也已二百六十余年。

台湾的《农民历》，大多根据福建泉州"洪潮和"流派的通书内容，不断地加以扩编印行。即使在科学实证主义盛行的今天，农民历所传承的经验法则，在华人世界仍然屹立不摇，至今仍是民间信赖的生活手册。而"洪潮和"的运作体系，更是今日加盟业与流通业的开端，其历史与背景也是值得推敲的另一个民间活动。农民历的学问，浩瀚渊博，要读通它，不是件容易的事。据说台湾目前有将近十万人精于此道。每次翻阅农民历，我总好奇于到底这张表在说些什么，于是找了很多本黄历比对，栏位都不太一致，索性将所有出现的都列出来。

在农民历的日期星期下面，有一栏"重要纪事栏"，不同的农民历有不同的注解。样本中记录的有"月支神煞"，神煞是一个吉象或凶象的表现。这是一组排列出来的组合。此栏位有时有跟收成月亮天候有关的讯息，有时有各种与神有关的记载。

相对于西洋历以"月、日、星期"记载日期，农民历则以"天干""地支"来记载年、月、日、时。栏位上会有一栏"干支"记载。"天干"就是甲、乙、丙、丁、戊、己、庚、辛、壬、癸，代表了天地之间所有的时间顺序；"地支"则是子、丑、寅、卯、辰、巳、午、未、申、酉、戌、亥，代表了天地之间所有的空间顺序。再将"天干""地支"排列组合后，又可以得到六十种组合，也就是从"甲子"算起，到"癸亥"，正好是六十组变化，也就是中国人常说的"一甲子"，以此周而复始。所以，历法上表示的"年干支"即每六十年为一轮；每逢有人过六十岁生日，会有"还历年"的说法；"月干支"即由六十个月循环一次；"日干支"即由六十天循环一次；"时干支"即由六十个时辰循环一次，一天十二个时辰，五天为一轮。

"五行"栏位——金、木、水、火、土——则代表宇宙万物的五种动力与变化，有着往上升、往下降、往中心凝聚、往四方放射、往左右移动的现象，《农民历》中，日干支下的五行，是根据古代流传下来的"纳音"法则来标示。纳音是"宫商角徵羽"五音，因此，"五行"之间的相生相克，加上季节还有气候所产生的兴旺衰竭变化，既清楚地说明了时间，也反映了天地运行的逻辑。

"飞星"即一白、二黑、三碧、四绿、五黄、六白、七赤、八白、九紫，为堪舆学常用的流年飞星。

"建除十二神"是为择好日、求好运的栏位。《农民历》中半数以上的栏位，都是为了说明吉凶忌宜，其中的"建除十二神"，借以提示当日的忌讳。十二直之忌分别是"建日不开仓，除日不出财，满日不服药，平日不修沟，定日不作辞，执日不发病，破日不会客，危日不远行，成日不词讼，收日不远行，开日不送丧，闭日不治目"。

"二十八星宿"栏位，跟西方的"十二星座"类似，中国古代研究天文，以二十八星宿标示恒星群，并依照东、西、南、北四个方位而分为四组：东方苍龙七宿、北方玄武七宿、西方白虎七宿、南方朱雀七宿。这二十八星宿，轮值于年、月、日，周而复始，运转不停。由于星宿的运行影响着天地万物之兴衰，于是二十八星宿常被拿来作为择日及预测吉凶祸福的参考资料。

"八卦图阵"栏，主要是提供堪舆学家或是卜卦巫家所使用，由于牵涉的学理广杂，一般人很难一窥其中堂奥。

"宜"和"忌"栏位，因为容易解读，所以较被广泛运用，作为择日的参考。"宜"和"忌"，以红色和黑色的字体加以区别：红者为"宜"，黑者为"忌"。我选择日子，顶多就是看这一个栏位，分别针对婚姻、搬迁、生活起居、祭祀、死亡、工商买卖、农林渔牧等进行叙述。

"每日吉时""每日财神方位""每日生肖年龄冲煞""每日胎神"等，都是"趋吉避凶"相关的栏位。至于"每日凶时与吉时"则是婚丧喜庆择吉时辰的重要参考资讯。因为中国人常有"不要犯冲"的心理，所以重要的日子，总不忘参考书中对"忌宜"的记载，作为决定的依据。

《农民历》条目繁细，甚具实用性。除了前面所说的基本内容外，随着时代的改变，内容也因应生活的需求配合增补，不同的版本还提供八字解析、生肖运势、面相与秤骨算命术、星座、食物生克、生活小常识、不同的仪式须知等。而台湾的《农民历》更配合北、中、南三地不同的气候变化，加注了不同节气适宜种植的蔬菜种类，让有心栽植的人参考运用。如果看到在节气的下方，有一段时间的说明，则代表那个节气开始的时间，准确度是以秒计算的。

农民历见证了中国人的智慧。相对于西洋的太阳历，农民历则结合了月亮盈亏的阴历、月亮与四季天候的农历、月亮与太阳两类历法的阴阳历，提供给我们依循潮汐、节气与天象法则的资讯，展现天地万物合一的宇宙哲理。

主食

中国人大多会背唐朝李绅这首《悯农》的诗："锄禾日当午，汗滴禾下土。谁知盘中餐，粒粒皆辛苦。"师长教我们背这首诗时，都告诫我们要珍惜食物，不可浪费。有的父母则会以比较婉转有趣的方式，告诫饭没有吃完的小孩，说他（她）以后长大会娶（或会嫁）一个麻子脸的太太（或先生）。我一度也曾沿用这种方式。

我的三个孩子，小时候吃饭都很慢，晚餐对我是一段长期奋战的时间。尤其是老三，常常把饭含在嘴里，睁着大眼睛发呆，半碗饭往往要吃一个多钟头。他的姊姊哥哥好不容易吃完离开了餐桌，我边收边洗边哄边骂，收得差不多还得卷起袖子跟他继续奋战。我对他说："小元，你一定要吃完饭，碗里不要剩东西，不然你以后娶的太太会是个麻子脸！"为了加强效果，我还把麻子脸画给他看，他看完瞪着我脸上的雀斑，大概以为他爸爸小时候也是没把饭吃完，才会娶到我这个"麻子老婆"吧！

这句话的版本有时也会更改，譬如娶到一个巫婆或一只母老虎等，总之既有想象的趣味，又兼有恫吓的效果。有一天又剩我们两人奋战，他大概知道我又要说什么，突然问我："妈妈，我的太太在哪里？"我听了大笑不止，他却一脸茫然。

小元从小是个很安静的孩子，从不吵闹，心肠柔软，脾气好得让我们心痛。姊姊哥哥说话又快又多，都轮不到他讲话。每次他用那双大眼睛看着我们四人对话，终于轮到他可以发言了，还没讲到重点又被姊姊哥哥打断了。我们嘲笑他会娶到一位很凶的麻子太太，或是母老虎，或是巫婆，他也不以为意。他爸爸还笑说，将来小元家的车库，要有设计给巫婆放扫把的地方……好脾气好心肠的小元，就这样活在我们开玩笑的世界中。

有一天我们吃面，又剩下他一个人没吃完，我又一边收拾一边说："小元呀，乖，快吃完，吃不完会娶个麻子脸太太哦！"我收拾完再坐回他的娃娃椅边，他又用他的大眼睛盯着我问："妈妈，饭吃不完会娶个麻子脸太太，那面吃不完会娶到什么太太？"我实在是又好气又好笑，于是拿了张纸，画了只老虎，说面吃不完是一条一条的虎巫婆哟。他点点头，硬是把面一根一根地吸进嘴吃完了。有一天小元又问我："妈妈，暴龙最厉害对不对？"我说对啊，他说，那暴龙可不可以吃掉虎巫婆？我听了不禁一愣，惊觉到可怜的小元每天活在那碗吃不完的饭的阴影下，同时也自责玩笑开得太大了。

饭碗里不能剩下饭菜，浪费食物罪上加罪，这是中国父母一致认同并身体力行的。小时候，我认识一位虞婆婆，每次跟她一起吃饭，她总是细嚼慢咽，吃完还会在碗里倒入一点温开水，把粘在碗内的碎米饭搅和一下，再把水喝完。她告诉我，这样子下辈子还会有食物吃。她惜物的姿态给我留下深刻的印象。现在常看到餐后浪费的场景，虞婆婆端起那碗水缓缓喝下的画面就会出现在我面前。

由于地球暖化日益严重，气候变化影响植物生长，而土地过度利用，违反自然的农耕法则，世界许多地方面临粮食短缺的窘境。最近看到报道说，将利用科技研发纳米食物，以减少人类对食物的需求量，看来似乎是解决的方法之一，却也是对人类最大的讽刺。民以食为天，这个基本的生存法则已经遭到威胁了。

中国人大多以米为主食，不同省份的人又对自己家乡的米种有不同的依恋。台湾有很先进的农业改良技术，对不同的作物进行科学化的改良与记录。在种植大米方面，研发了稻米秧苗，又教育农民，协助执行等，成绩斐然是举世闻名的。吃米虽然都有当地的习惯，但没有一地像台湾能同时拥有各种不同种类米种的种植技术，造就我们饮食文化的多元性。我的成长三餐大概都有米，只有出国时，才了解自己对米是多么的依恋。出国几天我最想念的是一碗人间上善的白粥，稠稠地温柔地暖我的胃。

米除了煮成白饭作为平日的主食，还可以做成饭团、竹筒饭、粽子，不同形式的炒、蒸、煮、烩等方式，还有粥类、锅巴焦米、酒酿等。米可加工磨粉，成为米浆、粉片，制作成糕粿点心类、汤圆类，还可以饼、块、卷的形状呈现，林林总总，真是丰富极了。

米的粉不像面粉可以靠发酵来制作，所以在制作加工时，研磨与掺水及不同黏性的比例掺杂是关键，产生的粉有糕类粉团、团类粉团、发酵粉团等的差别。其中比较特殊的是籼米粉，加辅助材料后可保温发酵，制作成各类松糕。米磨成粉则分成干式与湿式，干式有时还会经过炒米，则为熟米粉或糕粉，吸水性较强。湿式水磨，则要先泡米，连水磨成浆，再脱水烘干，质地细致。此外人工石臼舂法已经不多见了，古时都说这是最好吃的米制粉。

米食的加工品，各地称谓不同。客家人称粄，台湾人则称粿，台湾还有碗粿、米苔目、肉圆等别致的点心；此外各地还有不同方式的年糕、粽子；苏州人有精致的船点；江西、云南人的米线；东北人的小米稀饭；岭南人的河粉；广东人的粥、煲仔饭、粉果、肠粉、茶果；以及白糖糕、米果等，仔细推敲，都可以追溯到我们祖先的精致生活艺术。

现在市面上可以买到现成的粿粉，实是家庭主妇的福音，只是成品需马上吃完，因为放久就硬掉了。以前的时代是以鲜米磨成粉，制作的糕点能存放得久一点。

台湾最早期的米是当地少数民族种的小米，明清时期的先民从福建、广东一带带来了籼稻米，也就是现在我们吃的在来米，又名籼米，又叫机米。台湾日据期间，研发了较黏的粳稻，也就是我们现在吃的蓬莱米，又名粳米，也有人称大米。还有糯稻，就是糯米。台湾的农业改良技术，使粳稻的生产量逐渐提高，蓬莱米变成栽培的主流，也成为我们的主食。之后又研发出半矮性籼稻，生产出全世界知名的奇迹米，并推广至印度、东南亚、非洲等地广泛种植。还有香米，是种植时的技术，使米有一种芋香味。近几年时兴的有机

台湾最早期的米是当地少数民族种的小米，明清时期的先民则带来了籼稻米，也就是现在我们吃的在来米，又名籼米。台湾日据期间，研发了较黏的粳稻，也就是我们现在吃的蓬莱米，又名粳米。还有糯稻，则是糯米。

鸭间米，强调每年只收成一季，让土地可以得到休息；养鸭于其间不但利用鸭子除虫，也利用其排泄物作为肥料，既不洒农药也不施用化肥，是一种讲究环保的种植态度。最近还研发了高营养的发芽米，各地生产的比赛米等，品类非常丰富。

虽然科技发达，但若现在去一些台湾当地少数民族的部落，还是会看到他们对品种筛选的慎重态度，从选拔到固定品系等，所花的心力是现代科技所不能"复制"的。

稻米的生产是一个高难度的种植技术，水稻或是陆稻都有它特殊的生长习性。除了从精致的整地开始，接下来的育苗、插秧、除草、施肥、灌溉，都要兼顾地形的排水性，及控制病虫害，需要随时随刻的照顾。育苗从选择稻种开始，经过浸种、催芽等繁复的过程才能进行播种，再等它长出两三片叶时，才到插秧的阶段。两到三次的施肥与灌溉约要七十天，水稻在这期间经历成活、分蘖、幼穗形成、孕穗、抽穗与开颖花等时期。开花时花药会吸水破裂使花粉掉落，之后再经过乳熟期、糊熟期、黄熟期与完熟期后，即可以收割。收割后又需要脱粒、筛谷、干燥、装袋，最后才能碾成食用的白米。总共需要五六个月的时间，真的是粒粒皆辛苦的过程。

在来米又有软硬之分，硬的需要加较多的水煮，煮出来的饭较干硬松散，软的则比较像蓬莱米，通常会给老人家或肠胃不好的人食用。在来米可以做台湾小吃碗粿、河粉、米粉、米苔目、粄条，有时也和糯米对半掺和，做成菜包及红龟粿。蓬莱米是台湾人普遍爱吃的白米饭，饭粒比较Q且有点黏性，是做米果或是宁波年糕的素材。但在我们家，如果要用蓬莱米煮稀饭，一定是先把米煮成饭再熬稀饭，长辈说否则会伤胃。但一般人大多以生米直接煮成粥。

糯米又称为江米，也有人称为元米，容易糊化，在煮的时候加的水量则更少，湿软甜腻，适合做成酒酿，圆糯米可以做咸粽或麻糬类；长糯米又称尖糯，则用来做饭团、米糕、油饭、粽子等。

台湾当地少数民族有着悠久美好的小米"粟"文化，这可以说是最原始的农耕文化，小米粥又称为"代参汤"，极具食疗功效。近年来小米耕种面积锐减，引发山麻雀等鸟类食物链的匮乏，所幸台东县政府努力复育，努力倡导，才得以维持山林的生态。

米还可以做红曲与酒曲。红曲是菌于蒸煮过的米粒上，生长形成的发酵食品。中国人自明代就有红曲医疗功效的记载："红曲酿酒，破血行药势。"说明它是一种保健食品。但它的生长速度缓慢，培育过程稍有不慎即很容易被繁殖迅速的其他杂菌污染。明代李时珍赞美红曲的培养"乃窥造化之巧者"，可见所需要的功夫非比一般。

酒曲又称酒药、酒母、酒饼或白壳,是由糯米发酵而成。培育酒曲需要特定温度及湿度的控制,又因酒曲是由谷物粉做成,各家配方不同,品质也不相同,好的酒曲必须每颗称重是一样的。制作过程中,捏揉的力道必须适中,慢慢将谷物粉捏成圆形。好的酒曲,做出来的酒酿有特殊香气,甜而不腻。

　　米酒则以米为原料加入菌种经过发酵后制成酒胶,蒸馏提高酒精的浓度即成米酒,酒精含量百分之二十至三十五。所以纯正的米酒是酿造蒸酒,广泛地应用于我们的生活中,这些都是老祖宗留下来的生活智慧。

　　小的时候,我在厨房分配不到别的工作,但可以帮着洗米煮饭。妈妈告诉我,洗米动作要快,要在米开始吸收水分前洗完,养分才不会流失,之后即让米粒浸泡在水里,经过一两小时后才煮。如果临时有客人要求,则用温水浸泡。如果米不够新鲜,可以在煮的时候丢上两颗冰块。洗米水还会留下来做不同的用途,有一次还拿去煮猪肉呢。煮饭的水,要把手掌平放在米上,让水盖过手背。那时没有电锅,我们家都用砂锅在火上煮开,这火要大但不要过猛,等沸滚转成文火后,过一阵看看水快干了就关掉火,让热度自然焖干过多的水汽。吃完饭后,如果有剩饭,就把剩饭薄薄地铺于平底锅中,以小火慢慢把饭烤成微焦,有时还爆出焦脆的声音,满屋子都是锅巴香。第二天一早,烤好的锅巴熬煮成锅巴稀饭,配点小菜或剩菜,那是老时代老厨房的魅力。直到今天,我还闻得到那米饭的焦香,也怀念着那锅巴稀饭的煳香。

　　现代饮食营养不平均,营养学家大力倡导除了生病的人以外,可以多吃未精白的谷物。选择米饭,需要看自己的体质来搭配,这其中也有相克的学问,这个观念当应用于以米为主食的家庭中。若把白米与糙米静置于水中几天,可看到糙米还继续长,白米烂去的事实。刚吃糙米会觉得口感不好,也容易饿,但吃过一阵子,反而会喜欢吃糙米,这是需要自己去体会的感受。若白米搭配糙米煮饭,糙米先浸泡,让米麸泡软才不伤胃,大约的比例可取白米两杯、糙米一杯,搭配的水约三又四分之一杯。米的保存也要注意,若是买五谷米,真空包装打开后,可能放在冰箱比较妥当,以免各种米类保存方式不一而产生质变。

　　我们都知道,刚结穗未饱满状态的稻穗是挺直腰杆直气壮的,而饱满成熟的稻穗是低下头的,这也很像做人的道理。五代后梁时期布袋和尚有首诗:"手把青秧插满田,低头便见水中天;六根清净方为道,退步原来是向前。"聪明的稻米除了丰富我们的饮食文化,还传递了做人处世修身的讯息,身为中国儿女,当知珍惜与感恩。

【蓬莱白米】
蓬莱米是台湾人惯吃的米,为粳稻,含百分之二十的直链淀粉与百分之八十的支链淀粉,稍有黏性,吃习惯了后会觉得其他的米比较干。

【发芽米】
发芽米则是一种新兴的米种,利用无污染的良质米作为原料,以恒温方式促进糙米发芽,使得在糙米中所沉静的「酵素」,经过充分的活化与生物转换,不仅能超越原本糙米的营养价值,而且能与白米的口感一致。

【圆糯米】
圆糯米为粳稻,含有百分之九十五以上的支链淀粉,黏度最高,可用来做酒酿、年糕、粿、汤圆与麻糬等点心,但对肠胃不好的人则会造成负担,不可多吃。

【长糯米】
长糯米为籼稻,黏性低,可磨粉做成各种台湾小吃。

【原鸭生态米】
害稻米的食物链种植生态度,少了农药,所以多了健康。生态保育下因为

【在来米】
在来米为籼稻,没有黏性,是做米粉、萝卜糕或是炒饭很好的材料。煮饭的时候要加上一倍以上的水量。

【有机糙米】
糙米因带壳,有可能会残留农药,最好选购有机栽培的,有些利用日晒制成的更是理想。煮的过程需要充足的水,要让米吸饱水分需要长时间的浸泡,才不会煮成干巴巴的感觉。糙米保存最完整的稻米营养,用糙米、胡萝卜、排骨熬米汤给孩子吃是很普遍的。

【有机胚芽米】
不习惯糙米的口感与嚼劲,也不喜欢白米的柔软与绵密,则可选择胚芽米的适中口感。碾制胚芽米却是需要专注与耐心,只要一个小细节不对,很容易就碾成白米了,因此胚芽米有种量身定做的感觉。烹煮时加入水的比例约为一比一点二。

拌炒

我们那一代的留学生出国,许多人第一个要学的是煮饭,第二个要学的就是炒饭。有些人还没学会炒饭,就先以猪油拌饭充饥。在中国料理食材不多的异国,能够吃盘青椒牛肉丝炒饭或蛋炒饭,都是可以聊慰乡愁的。

猪油拌饭当然比蛋炒饭简单,中国家庭的孩子,几乎都有放学回家先吃一碗猪油拌饭的记忆。讲究一点的猪油拌饭,饭要微硬干松,酱油最好有点甘甜,不要太咸,如果是用烧腊店滴下来的猪油来拌则更香浓,有些人还会加上一点鸡油。这三样条件说来简单,要成全到满分并不容易。不过理论抵不上实际,肚子饿的时候,口感的满足最重要。

至于炒饭,我觉得没有好坏,只有习惯。有人喜欢用在来米干硬一点,粒粒皆清楚,有人喜欢用蓬莱米软一点,有人用糯米。有人要冷饭,有人要隔夜饭,有人要用冷水冲饭。有人先炒蛋,有人先炒饭。有人要达到"金裹银"的效果,有人要看到黄金蛋块……总之,一堆的博士论文,都比不上自家端出的那碗弥足珍贵的蛋炒饭。

我家小阿姨的蛋炒饭最对我的胃口。她一定先把蛋从冰箱拿出来醒一下,恢复到室温才开始打到有点起泡。她的葱不留在饭或蛋上,只在油里炒出去腥的香味,就把三分之二的热油舀起来放到小碗里,然后倒下蛋汁,待边缘起泡后,用铲子把边缘往上提,绕了一圈再把碗里的热油一点一点淋下去。此时趁蛋没有完全成形、还有一点点油之际放下白饭,再把蛋翻个身。白饭到了锅底,整一片蛋在上面,让饭吃点锅底的油,也吸点蛋上的油,再用铲子把蛋切成不很整齐的块状,好像手撕出来的样子。然后再跟白饭翻几翻即可熄火,在锅里稍微躺一下再起锅。

她的蛋炒饭,黄白相间,比例很对称,就只两个纯粹的材料,吃得到镬气足、翻炒匀的单纯,而蛋切得大气,又有一种华丽的气质,在外头是吃不到的。

很多人觉得炒饭是厨艺的表现,扬州炒饭的"标准"是五百克米配四个蛋,另外配十四种材料,我则觉得用那么多料反而不好发挥厨艺。其他如虾仁叉烧扬州炒饭、虾仁干贝炒饭、咸鱼鸡粒炒饭,需要猛火快炒才好吃,一般家庭很难做得好。

其实,自家冰箱有什么材料,随机搭配炒在一起,加点瓶瓶罐罐里自己喜欢的佐料,就是一盘很自在可口的家庭炒饭。

台湾人的生命礼俗有"三朝洗儿油饭香",即婴儿出生的第三天,需以"麻油鸡酒"与"油饭"祭祖,赠送亲朋好友。油饭要用圆糯米与长糯米,以一比四的比例混合,蒸熟后再以猪油、高汤、肉丝、香菇、虾米、红葱酥等主要材料拌匀。亲朋好友吃到这样丰富的台湾油饭,无不满心喜悦,默默地为初生婴儿祝福。

炊

蒸

　　全世界的华人大多承认，大同电锅是伟大的发明，省去多少人顾着瓦斯炉、电炉或火炉上那锅饭的时间。

　　台湾的留学生，很多人出国前不会煮饭，人人拎个大同电锅出国，照着说明书洗米加水，开关一按就可以等着香喷喷的饭。许多新娘子出嫁，也都买个大同电锅陪嫁壮胆。虽然后来日本发明了电子锅，很多人还是比较依赖简单、实用、耐用的大同电锅。

　　电锅的用途，既可以蒸，也可以煮；内锅拿掉擦干锅底，还可以烘烤。我出国念书时，用大同电锅煮饭，米里放进台湾香肠，就是简单的腊味饭，放进切碎的青江菜，就是菜饭，既好吃方便又能解乡愁。使用电锅的法则是一定要用过滤过的水，若是使用含氯的水质，被闷煮着，反而是会进入食物吃下肚子。若是用一般的锅并用自来水蒸煮食物的话，则要打开锅盖，直到水滚了再盖盖子。

　　腊味饭的材料，可以简单也可以讲究，每个人的喜好不同。最近几年我偏爱香港铺记或蛇王芬的腊肠（瘦肉加肥肉）或润肠（鸭肝加肥肉），将电锅内的饭煮到一定程度再加进去就好。上桌前，视状况淋点温热的淡酱油，腊味的油香融入热饭里，吃的时候用点力道咬碎肠衣，咀嚼里面的肥瘦肉，再咀嚼饭粒，一层层浓香扑鼻，真是过瘾极了！家里的冷冻库，最好存点好的腊味，偶尔想犒赏一下自己，只要放进电锅就可以了。

　　电锅也可以做糯米饭，如台湾人冬至吃的麻油鸡饭或桂圆饭。但婚庆喜宴上的红蟳米糕，则都在传统的蒸笼上蒸。米糕通常要蒸得软硬适中，在上面铺上虾米、香菇、红蟳。端上桌来，红蟳蟹肉扎实，米糕香而不腻，色泽分明且充满喜气。

　　糯米鸡或糯米鸭，必须整只料理，把拌好作料的糯米紧紧塞进腹内去蒸，就是十二人份的电锅，大概也无法代劳，必须规规矩矩放进蒸笼里，小心翼翼顾着它。

　　卤肉饭和焢肉饭，大概是台湾最大众化的饮食。台北士东市场猪肉摊的老板娘告诉我，卤肉饭的肉，最好是四分猪后颈肉搭配六分五花肉，或三分猪后颈肉搭配七分猪后腿肉，细切粗斩之后，以猪油爆香红葱头，配以酱油、冰糖、八角、桂皮等熬煮，饭则一定要用蓬莱米。标准的吃法是米饭淋上带汁的卤肉，配一片黄瓜或酸菜、卤蛋。许多在外工作或读书的人，这样的一碗卤肉饭就是一顿中饭。对于生长于台湾的我们，"卤肉饭"三个字有着像亲娘一样的感情。焢肉饭的配料与做法，和卤肉饭差不多，不过焢肉用的是五花肉，必须整条卤好，要吃的时候再切片。南部的肉臊饭，跟卤肉饭一样，选择猪最精华的部位，因为后颈肉经得起长时间的熬煮，之后放入瓮罐中，放几天，目的则是要让这熬煮过久的肉慢慢苏醒过来。

　　南洋风味的海南鸡饭，也是大众化的饮食，现在香港、台湾都可以吃得到。每次点海南鸡饭，我都会向店家多要点葱姜茸，甘润的鸡肉吃起来多了一层辛香的刺激。长米做的饭虽然硬一点，因为拌着鸡油香，入口更有咀嚼的劲道。另外，滑蛋牛肉饭和牛腩饭，只要牛肉处理得好，也是很简便可口的烩煮食物。

　　烩煮是家庭主妇急就章时的好帮手。卤肉、焢肉、红烧牛腩等烩煮的肉类，都可以事先做好，分成小包存在冷冻库备用。选个周末的上午，做上一大锅，就有个笃定的心情迎接下一周，任何时候孩子饿了，很快就可以有一碗好吃的东西满足他们的肠胃。

一、粽子

台湾粽一般分为"北部粽"与"南部粽",前者在包裹前会先将内馅炒香,然后把包好的粽子放入蒸笼"蒸"熟;后者则是把生糯米和花生均匀混合,用竹叶或月桃叶包扎后,放入大锅"煮"熟,吃的时候再淋上酱料。至于粽叶,则有绿色与黄色之分,绿叶多半是麻竹的叶子,而黄色则是桂竹的"竹箬"。所谓"竹箬",就是用来保护幼竹的笋壳。

粿粽是看不到米粒的粽子,用五份糯米一份在来米配以绞肉、虾米、香菇、红葱头等。碱粽则是另一种全然不同的风味,糯米加入碱粉或碱水糊化,与沙拉油拌匀,或者是用泡开的茶汤与糯米一起搅拌,当糯米呈现金黄色泽后,再以粽叶包裹而成。碱粽不能包太大,也不能太紧,才能保留松软绵晃的秀气质感;煮的时间需要四小时,煮时要在水里加点油,煮好之后,放凉或冰过,蘸着白糖入口,软Q有咬劲,口味清爽别具滋味。市面上卖的碱粽,为了使口感更富弹性,有时会加入硼砂,所以最好还是自己做,才能吃到好吃又健康的碱粽。

外省粽则以湖州粽或嘉兴粽最为有名。湖州粽有咸、甜两种口味,咸粽选用略带肥的黑毛猪五花肉作内馅,用小火蒸上五小时入味,不仅让肉馅有入口即化的口感,肉的香气与精华也能完全渗进米粒,合而为一。好吃的咸粽还有一个秘诀,就是要选用软Q的圆糯米,并且在米中加点糖,让口感更好。如果是买市面上现成的湖州粽,用加点酱油的水煮热,会比用蒸来得效果好。

甜粽则是包了甜而不腻的豆沙馅,上好的红豆经过繁复的煮、炒、焖,做成细致的红豆沙,搭配一块猪油,用白糯米或紫米包裹起来,下水煮到猪油与豆沙、糯米充分融合,就是甜粽独具一格、软黏香甜的特殊口感。但是裹粽时不能包得太紧,以免糯米渗进红豆沙中,使得内馅的形状不完整,口味也受到影响。

甜粽的做法,每家都有自己的一套。我妈妈家的上海甜粽是糯米包红枣或红豆,不加糖,外形像木头做的"踩跷鞋",吃的时候蘸上黏稠的红豆汁或绵糖。妈妈常说,杨公馆(国民党大佬,也有"教父"之称的杨管北先生)的甜粽子,尖尖的头上一定有一粒精巧的红枣,可爱得让人忍不住想一口咬下去。可惜,这个包粽子的技巧好像失传了,我再也没看到过。

二、荷叶饭

这是一种广东点心。把荷叶放入热水中泡煮到软，去梗后，加入蓬莱米与在来米混合蒸熟，配上冬菇、鲜虾、腊肠等料，包起来蒸二十分钟，荷叶的清香渗入饭粒之间，别有一番清香滋味。

三、竹筒饭

这是客家人发明的野炊食物。只要带把米在身上，在野外就地取材，以竹筒为炊具，把一节竹子挖一个洞，装入六七分满的米，注入水，塞起来或用大叶片包住，在地上挖个可以斜放竹筒的小坑，把竹节朝下，孔口朝上，然后在竹筒上铺一层薄薄的泥土，堆些树枝当柴火，烧到冒烟后转另一个方向继续烧。等不再冒烟时，就表示饭已经煮熟，可以把火源移开，顺着长向面剖开竹筒，就是混合着竹香、米香、焦香，有着大地气息的竹筒饭。听说，这样的烹煮方式比电锅好吃，又不容易变质，是最符合环保，又能保留原味的方法。现在，这道山间野炊被搬上了餐厅宴席，除了保有传统的元素外，还在竹筒饭里加入更多的配料，让传统美食有了更丰富的变化。

四、筒仔米糕

相传首见于北宋苏东坡的《仇池笔记》，当中记载的"盘游饭"就是今天的筒仔米糕。其做法是先把红葱头爆香，加入虾米、香菇和肉丝炒香，以肉桂粉、五香粉和白胡椒粉提味，加点水焖煮，收干后备用。然后把浸泡五小时的糯米，以油和油葱酥拌炒，加入酱油和高汤继续炒到半熟后，把前面炒熟的备料铺放在筒子底部，再把半熟的高汤、糯米填入九分满，压紧后用大火蒸十五分钟，香喷喷的筒仔米糕就完成了。

淋酱对筒仔米糕而言，具有画龙点睛的效果。太白粉、肉桂粉、花生粉混合后加入甜辣酱和糖，用水混合，煮成稠状，就可以视个人口味淋在筒仔米糕上了。筒仔米糕最早使用的器皿是陶罐，因此而得名，早期在台湾还看得到很多人使用竹筒，后来为了方便改用小铁筒，也就是现在市面上所见的模样。

不同形状的米食

饭团

粢

饭团又叫粢饭，是许多中国人爱吃的早餐。一般的早餐店，是用糯米与粳米按比例调配，浸泡十几个小时，讲究的都用木桶蒸，蒸到软中带硬的程度才熄火。饭还冒着热气时，如果吃甜的就以少量的饭包入油条与砂糖，吃咸的则包入油条、肉松、碎萝卜干等。

自己在家做饭团，则大多用长糯米、圆糯米，甚至剩下的白米饭也可以做出自家的饭团。煮糯米时，水要放少些，饭才比较有嚼劲。碎萝卜干如果与五香粉或胡椒粉同炒会更香。另如榨菜丝、酸菜丝、肉松、芝麻、老油条，也都是传统的饭团材料。

包饭团的方法，可用一条方形的布，套在塑料袋内，米饭铺平后铺上配料，再把老油条放中间，包紧后就是美味的早餐。昨晚剩下的饭，包入昨晚剩下的菜，捏紧后包入竹叶中，也是一道可口又美观的点心。

把米饭变成团，这是中国人的特殊吃法。

饭

曲

　　酒酿的制作比较难，圆糯米五斤浸泡一夜，沥干蒸熟后，可用冷水淋过米饭，或将米饭摊开拨散，使其不致结块。这个分量，大概配市面上贩卖的酒曲一颗。

　　酒曲磨成粉后，均匀地与米饭搅拌，放入罐子中，中间用碗压出一个坑，让渗出来的米汁流到那里。盖子不用盖太紧。等待发酵时，室温不能低于二十五摄氏度，或高过二十八摄氏度，并且不要移动它。米饭在变化的过程会长出毛，听说毛越长越好哩！过了三至四天，酒露出现就可以食用了。

　　我母亲说，以前上海人做酒酿，为了温度稳定不受外面空气的影响，罐子上要用棉被"焐"着，毛才会长得好。上海人形容一个人穿太多有点冒汗的样子，就说"这个人还在焐酒酿"。

　　我去向龚咏涵老师学做酒酿的时候，老师与她的先生用称珠宝的精密电子秤来量酒曲的分量，龚爸爸在一旁拿出一个看似不完整的小铜秤给我看，并且用那浓厚的乡音诉说他在台湾开始做酒酿的故事——原来，是为了乡愁！

　　龚爸爸一九四九年从湖南乡下来到台湾后，就一直想吃家乡的酒酿，娶了个台湾本地的太太，怎么样都听不明白他要的是什么。后来他去图书馆，借到明朝科学家宋应星写的《天工开物》，终于在那本中国最早的"技术百科全书"里找到传统酒酿的制造方法。他想照着研发看看，但没有精准的工具量酒曲，就去当时台北后车站附近找了点废料，自己做了一个小秤。后来虽然算是做出来了，他总觉得味道没有家乡的好，邻居的同乡尝了却说有家乡的味道，叫他继续研发，多做一点，因此解了许多老兵的乡愁。就这样，他的酒酿越做越多，台湾太太也学会了，渐渐地发展成有品牌的行业。现在女儿已接班，那小铜秤还在，比那精密的东西还管用呢。

　　龚爸爸说，一九八七年开放大陆探亲后，他也回过湖南老家，临回台湾之前，老姊姊送给他的，就是那罐装了很多颗、他想了五十多年、味道对了的"酒曲"。"酒曲"这玩意儿的道理是一件事，但含有的乡愁却是另外一件事。

　　酒酿含有丰富的活性益菌，易于人体的吸收，是营养丰富的养生食品。好的酒酿有酒香但不呛鼻，没有苦味。吃的时候觉得甜，吃完后嘴巴则有点酸甜。没有发成功的酒酿则有酸味与苦味。酒酿可搭配蛋花、桂圆姜母或汤圆等食用，但不宜久煮。很多地区的妇女于产后吃酒酿养身，更有促进发育的说法，有人还用它来敷面美颜。

　　酒酿的酒精成分虽不高，对酒量不好的人仍有足以醉人的后劲。有一次我母亲半夜肚子饿，想煮个消夜吃，看到罐子中剩下一点酒酿，就全倒入锅中与鸡蛋同煮，吃了一大碗酒酿蛋。我半夜起来如厕，闻到一股酒香，寻到餐厅去，看到她满脸通红地坐在餐桌边发呆，一时把我吓坏了，以为她身体不舒服呢。原来，不胜酒力的她不知道甜酒酿是有后劲的。

酿

酒酿

三 077
以食为天

有一种甜的米糕很素净，嚼也甜，但比米糕华丽得多，做法碗底通常先铺上自己喜欢的料，心地把蒸好的糯米铺上，中间留个位置放入甜豆沙，再铺上糯米继续蒸。蒸好反扣在大碗或盘子里，色彩缤纷，让人垂涎。

锅巴是用火煮饭的锅底，带着脆爽略焦的米香，可以撒些糖粉当甜点吃。如果回锅炸热了铺在盘底，滚上热热的虾仁番茄，就是有名的锅巴虾仁。

在嘴里带有桂圆的香味。八宝饭也比较复杂。为了美观与美味，如红枣、水果蜜饯、桂圆等，小

珍珠丸子是许多孩子爱吃的菜肴。如果担心碎肉做的丸子太硬，可以掺点豆腐或洋葱拌匀，搓成丸子蘸上糯米去蒸，吃了油的米蒸得像珍珠一样亮。肉丸也可以先做好放在冷冻柜，可以在最短的时间变出一道像样的菜色。

糯米粉加上煮熟的地瓜或是南瓜，木薯粉或芡粉，混合点面粉、糖等，塞点馅料，起点油煎烤一下，小小的一口一块，是下午的好点心。

糍粑是米蒸熟了后放入石臼，以木棒快速地舂成泥，趁热蘸花生粉或芝麻粉吃。以前的客家人，农忙时节常以刚舂好的糍粑供工人当点心。台湾的阿美族也做糍粑，用的是小米，一男一女边舂边唱歌，打到黏黏的，富有嚼劲，配上蜂蜜吃。湖南省西北部的吃法则比较特殊，是把冷硬的糍粑切成片，围着火炉烤来吃。必须不停地在火炉边翻转，让它渐渐热胀，鼓起来后刺个洞，等温度稍降即放进红糖片一起吃。还有一种吃法是放进豆腐乳——当地人称为"霉豆腐"——有点咸又有点香，也很好吃。尤其是寒冬时节，大伙儿围在火炉边烤糍粑，滋味特别温暖而香甜。

状元糕的原料为在来米与蓬莱米适当搭配，浸泡半天后加水用石磨磨成粗粉，水分沥干，筛过后放入如同状元帽一样的木头容器内，加上糖、花生粉或芝麻粉或方块酥压碎的粉等配料，放在水已滚开的特制锅子的嘴上，待木容器开始冒出白烟后约二三十秒钟，即可推出来食用。一口一个，热热地吃，非常香。为了要拍状元糕，找不到此摊贩，我则找老师傅打了一个专门的锅子，是一个没有锅盖的锅子，只有一个直直的蒸汽口。自己制作，才知道第一步原料混米的比例，看起来不难，却是它的秘密。状元糕的由来，据说是有位书生要上京赶考，千里迢迢眼看盘缠要用完了，就开始卖起这样的糕点，赚足了盘缠再上路，后来一举考上了状元。所以现在很多考生在考试前吃这小点心，带有祝福的意思。

杭州的"定胜糕"的道理跟状元糕类似，只是木头模具是梅花的形状。我在成都看到一种蒸蒸糕，是用当地的上等米，加上约一成的糯米，捣成粉后筛出较细的粉，用不温不火的火候炒熟，然后再筛过，加水搅和，倒入木容器，整平，加上糖、豆沙及一点点猪油，放入蒸笼蒸好后取出来，也是一个一口。蒸蒸糕的蒸笼也特殊，必须用麻柳树、泡桐树等够硬且有韧性的特殊木料，而且据说要先晒干树材，等农历九月才能做蒸笼。

我们中国人吃中药，因应四季节气的转换，不同的季节要配不同的药材。没想到连做个蒸笼都要看时辰。一个历史悠久的民族，累积下来的经验可真不胜枚举。

点心

三 079
以食为天

圆团

　　台湾的肉圆是很有特色的点心，它的外皮材料由在来米粉、番薯粉与太白粉混合制成，表面透明光润而饱满，里面的馅料多半是五花肉丁、香菇丁、笋丁，更讲究些的还放虾仁，都需配红葱头炒过。包好的肉圆，彰化是用油炸，屏东用蒸笼蒸的，台南则会先蒸再下油锅，形成不同地方的特色。吃的时候，要先剪开来，淋上各自调配的酱料再撒上香菜，口感润滑而滋味甘甜，别的地方都吃不到呢。

　　除了各式汤圆外，客家人有一种糯米粉做的团子也很好吃。团子中间凹下个小洞，煮熟后配以切碎的生姜与剁碎的花生，淋上红糖水，是独具地方特色的甜品。

　　我很喜欢做团丸之类的米食，双手揉着磨好的米粉，有一种细致柔滑的感觉。大概十四岁的时候，我曾跟个朋友去余伯伯家学做宜兴团丸子。余伯伯长得很帅，我以前见到他总是西装笔挺，一头抹了发油的黑发又亮又服帖。余伯母则是那天去她家学做团丸子才初次见到，看起来似乎比余伯伯苍老。她的黑发掺着灰白，束在脑后挽个髻，额头、眼角、手背都有了皱纹，七分袖的素布旗袍有点宽松，外面罩了件手织的毛线背心。仔细看她的脸型五官，年轻时想必是个大美女。她的眼神温和，眉毛清秀，声音脆亮而和蔼地操着我听不懂的家乡话，比手画脚地给我们上了堂做团丸的课。那过程和细节我早已记不清，不外乎两种米加水磨成粉，变成一个铃铛状，加入馅料去蒸。但是余伯母的样子，一直深刻地留在我的脑海中。

　　后来我才知道，余伯母与余伯伯是指腹为婚，很早就嫁入余家，她确实比余伯伯大上很多岁。

余伯伯的母亲是个能干的婆婆，父亲没有工作又爱唠叨，初到台湾时还没戒掉大烟，全家的生活倚靠余伯伯的阿姨，余伯母管她叫姨娘。据说姨娘有很多儿子，其中一个很得志，也特别孝顺，对母亲的话言听计从。母亲要他行方便帮姨父找个工作，他明知姨父眼高手低，见钱眼开，成不了事，也只得硬着头皮去安排，后来徒增许多困扰。

余伯伯和他阿姨家的故事，在中国的旧社会并不陌生，很多小说都有这样的背景和情节。三代同堂的家庭，戒不掉的大烟，孝子、败家子、兄弟阋墙，婆媳姑嫂，人多嘴杂，甚至是乱伦……要做个有自我有自信的人，何其不易啊！

二十几年后，我再次看到余伯母，彻底换了个样子。虽然仍绾着发髻，却染了黑色，穿了时兴的套装，显得年轻很多。倒是余伯伯看起来老了，两人搭配在一起，有了一种苦尽甘来的和谐。

余伯伯不像他爸爸那样不长进，从一个小科长一步步升到了副总经理。余伯母受尽一切委屈，无怨无悔地照顾难伺候的公婆，拉扯孩子读到高等学历。她见过场面，懂得眉眼高低，烧得一桌外面吃不到的家常菜，直到公婆过世后，才开始跟余伯伯进进出出，有了自己的社交生活，眼神也比以前有自信的样子。

记得二十多年后再见到她时，她对我说的第一句话还是我听不太懂的乡音，但我知道那话里的意思是："那团子做得怎么样？现在市场买得到现成的水磨米粉啦，日子好过多啦！"

是的，那年代的女人，认命就是美德，经过二十多年，日子确实一天比一天好过啦！

米不只可以煮干饭稀饭，研磨之后的粉还可以做各种料理点心，其中最大众化的就是米粉。米泡水磨成粉后，要放入布袋压去水分，取出粉团上锅蒸之前要先敲开，让它变得比较有韧性。蒸到接近半熟，碾成片状放入有圆孔的筒内挤压成条状，再入锅蒸熟，风干后就是很多人爱吃的米粉。

米粉的制作技术，清朝时即从福建传到台湾，新竹因为风大，适合晒干，所以当地的米粉最著名。新竹有个地方叫"米粉埔"，当地的客雅溪蜿蜒曲折，平坦的河阶砂石地比较干燥，业者大多把成型的米粉摊在竹篾上，抬到溪边的河阶晒干。开车经过那里，满河阶都在晒米粉，成为特殊的地理景观。

米粉原来是用在来米做的，听说台南的米粉会加掺一成面粉。不过用纯米做容易糊成一团，较难控制品质，后来业者不断研发改良，添加玉米粉使口感比较Q，也可以稳定品质大量生产。

米粉可以炒也可以煮汤，都是我们常吃的。炒的配料主要是高丽菜丝、肉丝、冬菇丝、芹菜等，如果加些高汤一起拌匀则更鲜美入味。汤的配料大多是油豆腐、猪内脏，讲究些的还加虾仁、韭菜、绿豆芽。

云南的米线和台湾的米粉不同，比较粗，不是用炒的，而是将蔬菜与薄薄的肉片、鱼片等一盘盘配料端到面前，端上一碗滚烫讲究的汤，其中得有点儿鸡油，最后再端上米线，趁烫先加配料，再放米线，称为"过桥米线"，配料可多达十多种。

甜的"米苔目"，是台湾夏天很受欢迎的米食点心，也是冰店重要的材料。它是以在来米粉与太白粉混合，先加热水拌匀，再加冷水慢慢调到可以揉搓的湿度。然后用有孔的锉刀把粉团锉成条状，放入冷水定型。捞起后，淋上糖水即可食用。

另外，米粉片、河粉、粿条做法类似，只是调配的方式各家不同，但不外在来米粉加上玉米粉或马蹄粉，再加点油与面粉。也有人加上太白粉与澄粉。制作时先把大锅里的水烧开，放入一个长方形的扁形容器，抹些油，把调配好的粉汁倒入，蒸一下即成。如果要做广东肠粉，则要先把尺寸分割好，粉皮蒸到快熟前把馅料放入三分之一处，待成熟后，折起两边即可铲起入盘。

广东顺德有一种陈村粉，性质也差不多，但做法更考究，选择的米要放半年以上，目的是让它干燥，让米质更扎实，蒸了后则更有弹性，讲究到一定要用石磨磨出来。它比一般的河粉要薄上三分之一，但是口感滑软，Q度跟河粉一样。不过因为手工繁复，产量不多。

我十七岁左右在美国时，带了本汉声出版的《中国米食》到朋友租的房子去。大家想吃河粉，就用房东配给大家用的果汁机打米，结果把人家的果汁机打坏了，吓得不敢再尝试。

台南著名的小吃鼎边趖，是在来米粉加上地瓜粉调成糊状，薄薄地淋一层在烘热的锅上，再铲起来切成片块状。客家人吃的粄条，很像宽面条，但是更细致柔软，通常搭配韭菜、绿豆芽、油葱、肉片煮汤，现在市面上已有不少专卖粄条的饮食店。

粉片

三 083
以食为天

糕粿

米浆制的糕粿类，最能代表中国人的智慧。我常想，谁那么聪明，发明了臼？又是谁那么聪明，创造出"舂"这个动词？因着他们的发明，衍生出水磨、湿磨与干磨的技术，发展出米浆、粿粉、水磨粉、潮粉、生粉与熟粉，源远流长地陆续造就了近百种属于我们的糕粿文化。大陆各省，有萝卜糕、桂花年糕、宁波年糕、松糕、猪油年糕、驴打滚、伦敦糕等，各地的品类大同小异。

台湾人过年会念"甜粿过年、发粿发钱、包仔包金、菜头粿吃点心"。台湾人称年糕为粿，口味有红糖、白糖、红豆，还有加了红葱、虾皮的咸甜粿。过年时，还有红龟粿、发粿、菜头（萝卜）粿、芋头粿、草籽粿、包仔粿等，都是要祭拜祖先和神明用的，所以这类粿都会入吉祥模制作，脱模后，则反扣在美人蕉叶上。点心类则有碗粿、凤片糕、芝麻糕、酸梅糕、雪花片等。麻糬是日本传来的文化，与我们的糕粿基本上是相同的。五份的糯米配上一份的在来米的配方，是粿类最常使用的比例。

碗粿是用在来米浆制成，一般装的碗都很古朴，与平民化的粿搭配得天衣无缝。与在来米浆内同蒸的配料，是用猪油炒的萝卜干、肉丝、香菇，或加几颗虾米与蛋黄铺底。也有在米浆中掺入肉臊的，蒸熟了淋酱吃，软绵清香且有饱足感。香港也有碗粿，甜的口味，小小的碗粗朴可爱，只能当甜点。

草籽粿以前称鼠曲粿，闽南语称刺壳粿，内馅是萝卜干干丝与少许的碎肉混合，以前是清明拜拜用的，现在则成了养生食品，街角骑楼下或旅游景点都有它的踪影。红龟粿的内馅，可包甜的红豆泥、花生泥、芝麻泥，也可包咸酸甜的口味，用酸菜加一点点蒜末、酱油和糖炒制而成。红代表喜气，龟象征长寿，粿印上也都有吉祥字，表示向神明祈福。

台湾甜粿是我最喜欢吃的，比例约为七份糯米粉一份在来米粉做成米浆，可放桂圆与煮熟的红豆，以前乡下的老厨房用大蒸笼蒸，蒸笼四角放着中空的竹子，让蒸汽往上冒，一笼总要蒸三四个小时。蒸好后需冷却一天，有一点硬度才能切块。外省人会裹蛋汁煎，本省人则直

接油煎，或裹上掺蛋汁的面糊油炸，或蘸一层加了香菜末的蛋汁煎。不管煎或炸，都需要细心与耐心，才能恰到好处。也有人吃台湾年糕时夹酸菜，起初我不以为然，吃下去才知道真好吃呀。

发糕用的也是在来米浆，混合低筋面粉与发粉做成，必须比例掌控得宜，蒸熟才能开口发，也就是要中间裂开。乡下人做发糕如果不发，会被认为来年事业不顺利。

香港的广式萝卜糕，煎得微焦的表面，蕴藏着讲究的切得极细的材料与白萝卜、在来米所结合出来的精致口感。而硬硬的宁波年糕，是因为经过大力揉搓，质地比较紧实，吃时必须切片，跟雪里蕻、肉丝同炒或煮汤是绝配。以前去向老人家拜寿，常见桌子上除了寿桃寿面，还堆了好几层宁波年糕，代表五世其昌的富贵之意。

上海的排骨年糕，是把松江大米煮熟后，放在石臼里用榔头敲打，待看不到米粒后，以每五百克切约二十根年糕，小巧可爱，每根里面裹上一小块已氽过的排骨，再继续放入酱汁锅中煮，配以五香粉吃。我阿姨的荠菜肉丝炒年糕，则处理到汤汁很浓稠，年糕炒得软硬适中，是经济实惠的料理。

桂花猪油年糕是苏州人的年糕，有玫瑰、枣泥、芝麻等口味，配料细致，口味香郁。伦敦糕又叫白糖糕，煮粉浆时火候小，要不断地搅拌，冷却后加入酵母水，发酵约需五六个小时，让它带点酸才有味道。

糕仔类都是把研磨好的干粉用小火炒熟，拌以糖粉猪油，筛过再加入各种口味，入模蒸出各类糕点。凤片糕与雪花糕，也是拜拜用的供品。我以前没吃过，特别到台南的磨粉厂请教，才知它们都是糯米磨的，雪花糕的粉需冷冻研磨，放到显微镜下看，一片一片的，加入杏仁，像是结成块状的杏仁粉，听说是一片一片拨下来吃的，原来就是我吃过的杏仁片。凤片糕要加上香蕉油，吃的时候凉凉软软的，好香。

台北圆山大饭店的松糕，听说是蒋介石夫人宋美龄的最爱。它是在来米与糯米调配制成，端上桌的每一块中间，不多不少地点缀着圆圆的枣泥，吃下去的每一口都松软适中，不太甜，却又仿佛甜到心底，如今也成了我的最爱。

粥
浆

　　粥亦称糜，我们家称为稀饭，可以早餐吃，也可以是消夜，生病时吃不下饭就喝粥。北宋诗词大家苏轼帖中曾云："夜甚饥，吴子野劝食白粥，云能推陈致新，利膈益胃。粥既快美，粥后一觉，妙不可言也。"只有中国人才能体会一碗白粥所以推陈致新的妙效。更细分是说粥是指在多量的水中加入米或面，煮至汤汁稠浓，加入米为基础制成的粥又称稀饭；加入面为基础制成的粥又称糊。

　　煮粥，越大越深的锅越好，熬煮几个小时，那种软绵的稀饭最是好喝。尤其是上面那层米汤，舀出来煮任何东西都特别好，例如煮麦片，会有一种不浓烈但稠软的口感，甚至也可以煮肉呢。在粥的状态下再加入其他食物或中药，是食疗上经常推荐的办法。

　　稀饭要趁热喝，我很怕喝到温冷的稀饭，有一种凄凉的感觉。热粥里有软软的米粒，喝下肚子后比热汤更有完满的饱足感。清朝著名诗人袁枚有云："见水不见米非粥也，见米不见水亦非粥也，必使水米融洽，柔腻如一，而后谓之粥。"袁枚出生于杭州，也是著名美食家，所著《随园食单》流传至今，照他的法则煮粥，一定能煮出一碗上善之物，好喝的白粥。

　　有名的台湾台南的咸粥，是当地的早餐，虱目鱼骨与猪大骨熬汤加入生米同煮，装到碗后，再加入煎烤过的手撕土鱼碎块，撒上蒜头、葱酥、芹菜末、碎韭菜花，上面再铺上一片虱目鱼片。台南人和善慷慨，老板娘看我不趁热吃，拿相机笔记做功课，而后要吃的时候，则送上新的一碗热腾腾的，还附上一片加大号的虱目鱼，最后还不收我的钱，让我不时地都会想要回去享受丰盛的早餐与丰盛的人情味。台湾的乡间有一种不起眼的菜，名为龙葵菜，有一种独特的苦味，氽烫后与香菇肉丝煮成的稀饭，非常别致，有些人会加澎湖花生与臭豆干一起煮，那个带点苦涩又令人怀念的味道，可以说就是台湾老阿嬷的味道。

　　广东人称白粥为"明火白粥"，那四个字好像水与米在火光里不急不缓地相偎着，好不传神。而袁枚没

有看到广东人把这妙不可言的上善之物,最后变成了充满动词与联想的名字,比如白粥加入了猪骨、鱼汤、干贝、柴鱼去滚,滚到米粒化成稠稠的浆,加上分拆的鱼骨、鱼腩、鱼嘴、鱼尾、鱼骸、鱼卜,外加上鱼丸称"姜葱生滚云鱼粥"等,在香港,许多菜单都像对联,不但有名词、动词,还有形容词,每次我总想为这些生动的名字接个下联,好比"姜葱生滚云鱼粥"对"去寒氤氲胃翻腾";好比看到经熬煮"明火瑶柱白米王"对"袁枚寻米费思量"。广东人真是会取名字,又如气派的"状元及第粥",其实是猪的杂底经过一番熬煮,然后撒上花生米、碎油条,上桌前再拌个生鸡蛋,他们就有办法把"杂底"美其名为"及第",实在让人佩服。此外香港还有皮蛋瘦肉粥、柴鱼花生粥、足料荔湾艇仔粥、燕窝鲍鱼鸡丝粥,台湾街头常见的海鲜粥等,这些都已经离米远了,而重料的味觉。

我有个葡萄牙朋友,花了二十分钟跟我说他们国家的人间美味,我到了葡萄牙里斯本当地渔港的餐厅,点了他说的那道美味,原来就是我们中国人的海鲜粥,只是他们花更长的时间去炖煮,用的米是久煮的长米,海鲜加的料理更多,把粥的味道全淹没了。当然也很好吃,堪称人间美味,我的朋友花二十分钟的形容,却抵不上我们的七个字:"姜葱生滚云鱼粥"。

我还偏爱小米稀饭,那是北方人用小米加上碎玉米,熬得稠稠的,喝的时候再加上一匙白砂糖,又甜又饱满。

腊八粥也是甜的,是我们在农历腊月(十二月)初八喝的粥,内容除了米,还有花生、绿豆、红豆、莲子、桂圆、红枣、薏仁等,可以当点心吃。腊八这天是佛成道的日子,所以腊八粥原来的名字是"佛粥"。

比粥更细致的是米浆,也是一种健康食品,尤其适合虚弱的老人和婴儿。现在坊间开发了各种米浆上市,由于使用的米种类不同,颜色也各异。对于喝牛奶会过敏的人,米浆无疑是最好的替代品。

零食

以前外国食物还没有大量进口时,米是我们最亲切的粮食,它不仅是我们的日常主食,也是许多零食的材料。用米做的零食,最香而且让我印象最深刻的首推爆米花,闽南语直接称它"米香"。可惜现在的孩子看电影时吃的大多是进口的、由玉米做的爆米花。

二三十年前,台湾许多市镇的路口,都会不时停着一辆爆米花的拖车,最醒目的是一个像炸弹般的爆米筒,米放入加温后几分钟,老板知道快要爆了,就会向左右的人连喊三声"爆噢"。那爆的声音很大,老板是提醒大家不要靠近,并且最好捂住耳朵。然后他就拿着铁网子到滚筒前端,接住高温爆出来的米粒,放到一个大铁桶中加入炒熟的花生瓣或葡萄干,再淋上麦芽糖或糖浆,快速地拌匀即倒入大木框定型,用滚棒整平,最后用竹尺切成小块,每块大约八厘米见方。我们买到时,拿在手上还是热的,真是香!提着一大袋回家还可以放一阵子,是当年家里常见的零食。

现代的超市或者大卖场,也有现成的爆米花,每一包都放着干燥剂,想必是工厂大量制造的。少了"爆噢"的气氛和热香,那冷冷的爆米花真是今非昔比。

台湾的米制零食不少,像米糕、米糀也很有名,是到庙里拜拜常用的贡品。尤其是长椭圆形的米糀,农历

十二月二十四三送灶神回天上，贡品除了传统的三牲，一定要有米粩这种加了大量蜂蜜的甜点。灶神吃了甜甜的米粩，嘴就甜了，"好话传上天，坏话放一边"，希望他上天后帮我们向天神多说点好话。

每到过年前半个月，台湾的糕饼店或传统市场就开始出现胖滚滚的米粩。现代人怕吃太多甜食，厂家还会加入一些别的谷类配方，调成咸香的味道，也很受欢迎。

我们公司的一个业主，年轻时接手家里的食品行业，一九九二年去湖南推广当地甚为罕见的米果产品，希望开发大陆市场，一周内接到高达三百多个货柜的订单，他的工厂日夜赶工生产，结果却没人依约拿现金来领货。

眼见几百万包的米果就要过期，他干脆把米果送给长沙、上海、广州、南京等地的各级学校，从小学到大学，让每一个学校的学生都分到一包。万万没料到，这个善行成了最佳的市场行销，原本以为要打道回府的米果生意，因为学生们吃了后都很喜欢，奠定了他们产品的稳固市场。

世事难料，一小包米制零食，不但可以向天神祈福，竟然也深藏着"塞翁失马，焉知非福"的大道理。

文化食物

三 以食为天

茶与壶

的记忆

比起现在讲究茶道的朋友们,我父母那一代喝茶可真简单多了。他们使用的茶具就只有一个厚厚的玻璃杯,杯上绘着传统的梅兰竹菊图案,加上半透明的塑料盖,盖子正中央还鼓起一个圆凸点,方便用手掀开它。那个年代的帮佣,一早起来先烧一壶水,水开了让它在炉子上多滚儿分钟,再抓一小撮茶叶放入玻璃杯,提起滚烫的开水冲下去,冲到杯底约五分之一就盖上,这是冲茶。

然后等呀等,等到主人醒来,咳嗽两声,佣人知道该泡茶了,于是开水再滚一下,把冲好的茶水加到八分满,过一下,再端去给主人。主人的习惯是端起杯子吹个三四下,然后缓缓地喝下一口,满足地吐口气,似乎表示这又是美好一日的开始。

那杯茶,就跟着主人一整天,一次次加水,从浓喝到淡。他们那一代,大多是这样喝茶的,浓茶喝得出恬淡的滋味,淡到快没味了还能用滚烫的水享受它的温度。那是一种俭朴自在,爱物惜物的生活态度。这是我对茶的第一个记忆。

我对茶的第二个记忆,场景从家庭转到企业,见证了人与杯子之间的情谊。那次是去帮一位企业家第二代装修公司的新办公室。他曾经远赴国外留学,带回一套崭新的企管观念,希望让企业年轻三十岁,要我们把新办公室设计得很现代。完工搬迁那天,我们一起欣赏那崭新的气象,却见员工们一个个拿着绘了梅兰竹菊的玻璃杯进来,杯上是透明的塑料盖,杯里是晕黄色的茶水与大概也是要泡一整天的茶叶。企业家第二代摇摇头,叹口气,大概觉得很煞风景。当时我就想,他对梅兰竹菊的印象显然和我有一大段距离。

他并不死心。为了让茶杯也符合新办公室的现代风格,他帮员工挑选了刚上市的不锈钢杯,线条极简新颖,价钱也颇不便宜。如此费心又费钱,是希望跟员工们在一个新气象的氛围里继续打拼事业。哪知老员工们并不领情——因为用不惯那新款的茶杯,竟一状告到他老爸那儿去!一手带大企业的老爸,当然也很珍惜这些从年轻时就跟着他打天下的老员工,于是从善如流,下令回收所有的不锈钢杯。于是老员工们又快乐地拿着梅兰竹菊的玻璃杯,泡着一天一杯的茶。

不久之后,我到年轻企业家的家中做客,发现他的书桌上整齐地堆置着那些线条极简的不锈钢杯,活像一组近年流行的装置艺术。那批杯子,如今都成了经典,虽然改变了功能,那前后的过程却留给我深刻的记忆。

我对茶的第三个印象,是在以木雕闻名的三义喝"老人茶"。那些人家有各种泡茶的用具和大大小小的壶和杯,很像老人在玩"家家酒"。那时是台湾经济起飞的年代,许多人为了工作常常忙得连睡觉的时间也没有。"老人茶"的由来,大概是只有老人才有闲工夫慢慢品尝吧!但喝"老人茶"的不一定是老人,周遭的环境也无法让人感受静心品尝的乐趣。

我在三义看到的"老人茶",都有一个树头雕刻的大桌子,是三义木雕的衍生产品。那些年岁古老的树头,不但奇形怪状,而且都有独特的年轮,可惜美丽的造型和纹路都被亮光漆密密覆盖着,闻不到一丝丝古木的芬芳气息。

木桌的旁边,立着烧开水的铁架子,底下是瓦斯炉或酒精灯,上面放着好大的铝壶;还有一个好小好小的紫砂壶,以及各种挖掏茶叶的道具。最粗糙的金属大壶,配以最名贵的宜兴小壶,不成比例,看起来很不协调。

他们泡茶时，小壶内塞满了茶叶，注入热开水后还要提起大铝壶将小壶淋上几遍，因此木桌的中间还挖了一个洞，铺上沉亮的不锈钢板，底下接一条塑料管，好把淋下来的水接到水桶里，让我不禁把它与病人住院时的导尿管联想在一起。

小壶的茶泡好后，先倒入一个有嘴的陶杯，再由主人一一倾入客人的小杯。喝了几回以后，主人就用一个挖具把拥挤的茶叶自小壶里挖出来，再塞满新的茶叶，重新注入水……如此几遍，周而复始。我想，那些挖出来的茶叶应该还有味道的，却那样没有尊严地被摊在一旁，让我觉得疼惜。

那木头雕的大桌上，还放着大小不等花色凌乱的各式茶叶罐，一碟碟放在塑料盘内的瓜子，花生，小点心，以及剥下来的碎壳和糖纸。桌子的正前方，则是一排电视柜，除了电视，还有各种纪念牌，花器，纪念照，书报杂志。电视机正开着；形形色色的人物和景物，哇啦哇啦的各种声音，在我眼前不断变换……坐在那里时，视觉听觉味觉都有点错乱，我不禁怀念起绘着梅兰竹菊的玻璃茶杯，多么单纯的一天一杯茶！

"老人茶"的风潮，后来渐渐没落了。近几年来，台湾的生活文化越来越讲求品位，茶道的风气趋向安静自在，泡出好茶的高手也越来越多。他们用心地推广茶道艺术，与茶相关的活动，以茶会友的茶会也很蓬勃，而且茶会上的一切，都看得出细致的美学层次。例如花艺的构图，布料竹类的装饰，研发的茶点心，都精致而有创意，更能烘托会场的气氛。

这种茶会，不像日本茶道那么讲究拘谨的礼数。有人形容日本的茶道是"和敬清寂"；而我们的茶道则是"人情义理"，这样的形容是很贴切的。当我们静心品茶时，仿佛是禅坐，最适合现代人忙里偷闲，陶冶性情，享受俗虑一清自由自在的喜悦。

陆羽所著的《茶经》以源、具、造、器、煮、饮、事、出、略、图十大类来分类解释茶，除了喝茶文化以外，茶叶种类与种植技术的研究，可说是茶友们最关心的。中国地大物博，植物种类繁多，地方习俗不一，技术推陈出新，茶的来源粗略可分成如附图所绘制的几个区域，它们是主要的产茶区。茶叶的种类上大致可分成：绿茶、黄茶、红茶、白茶、黑茶、花茶、青茶、古树老茶与野生茶。制作方法上又可粗略地分为：绿茶的发酵度在5%以下，如碧螺春、龙井；18%的如包种茶；20%为高山茶；青茶也叫半发酵茶，发酵度在30%如乌龙茶；40%如铁观音；60%如白毫乌龙（东方美人茶）；80%已属于重发酵茶如普洱茶；红茶则是85%以上，属于全发酵茶。烘焙是制茶过程中重要的环节，可借此改变茶碱多寡的口感，通常以发酵居中的茶叶种类，加以烘焙的轻重技巧，再分成生茶、半熟茶或熟茶的区别。早年的普洱茶茶饼以青色或墨绿色为生茶，近年才因为茶艺工序的进步，而有黑色与红色的熟茶茶饼问世。

爱喝茶的人，总喜欢炫耀自己了解茶叶的知识，比如茶的名字，产地的名字，特色茶的名字，茶树的品种，茶区的高低纬度……弄清楚这些基本功并喝得出来才算入门。层次再高的，则去了解采收的节气、杀青、凋萎、发酵、温度控制、阳光利用、含水量、化学变化、炒菁、揉捻、渥堆、复揉、烘焙、闷黄、转色、干燥……说得出来才算半个行家。更高层次的，则要能评比茶叶的形状、色泽、香气、滋味、山头；分析得出来的，才是真正懂茶的人。近年也风行自然生长的野茶，利用清晨的阳光与水气滋润，一片一片翻转，喝的时候，就那么大片大片的直接冲，有种难能可贵朴拙的清新。

我有多位热心茶道的朋友，常有机会跟着他们参观和学习。记忆最深也最有意义的一次，是浩浩荡荡三百多人一起上阿里山，到种茶的农民家举行茶会。那次茶会的目的，是要谢谢茶农们做出世界一流的茶，也让他们知道：我们如何品尝你们种出来的好茶。那次活动也结合了艺术家事先进驻，将当地的资源做成艺术品；美食家也事先进驻，跟当地的家庭一起以当地的食材做出具有地方特色的食物。

几个山区不同村落的人，加上平地来的，约有四百五十人，分散住在茶农家里。主办人事先到各家帮忙打理，理出一个茶会所需的环境氛围，然后大家就分别到每一户轮流品茶。朴实的茶农看着远来的访客，如此安静地听他如何种茶，闻他的茶，品他的茶，论他的茶……他们领会到都市人对于氛围追求的用心，也终于知道，辛苦的种植和制作，换来爱茶者的疼惜与尊敬，大家都交流得好开心。当天晚上，在瑞里山区的源兴宫前，他们还举行了舞龙舞狮的谢神典礼，山上的孩子们排练了很久的表演节目，更把整个活动带向高潮。

第二天早上，都市人醒来时，农家已空无一人，各自下茶园工作去了。充分掌握清晨的露水与阳光，对做茶的人而言，就是他们的制胜之道。我走到屋外，只见雾气绕着山间，好像神仙就要从那里走出来。神仙住的地方灵气逼人，这群有福气有灵气的农人，做出来的茶当然是一等的好茶！

虽然有机会参加茶会的活动，我对茶叶还是很外行。因为从事设计工作，比较感兴趣的其实是茶具的线条。尤其钟爱最古老的白瓷盖碗：它的比例玲珑有致，弯曲的弧度和口唇接触的位置也都合适完美，是我心目中最传统也最美的茶杯线条。

附于本文中的茶具配图，每个壶的材质都不同：铜，竹，陶，瓷都有。每一个铜壶，都是年代久远的古董，显示了先民的美学造诣和高超的金属工艺。竹子有着朴素的意境，瓷器比较细致秀气，陶壶则有粗犷原始的气度。其中一组用漂流木做柄的陶壶，则是我与陶艺家朋友萧立应一起创作的作品，它的背后有着我与哥哥的对话，以及与天地万物感悟的故事。

两年前的夏天，台风刚过，我去海边拍照，发现海面上漂浮着大大小小的漂流木，一时眼睛被吸住了，定定地看了很久。它们被海水冲过来、刷过去、载浮载沉，没有归属，也无法做自己的主人，看起来多么悲苦！我不禁想起过世不久的长兄，生前也度过一段悲苦的岁月，一种慈悲和怜悯的情怀在我心里浮升上来，当下决定要用漂流木设计一个可以纪念哥哥的东西。

这一念之愿，促使我花了几个月的时间思索，终于成就了这组漂流木把与陶壶相依的茶壶。那段思索的期间，回想着海里载浮载沉的漂流木，想到它的前身原都是丛林里的密实木料，就如我哥哥也曾经是健壮志昂的青年，最后却抵不住业力的焚风，在红尘里被冲得折断了筋骨，刷空了意志。

后来我终于有机缘抚摸已经离水许久的漂流木，感觉它的身体是那样的轻，身上的裂纹又那样的深，仿佛我哥哥在对我述说着受伤的往事和心底的不平！

于是，我为这受伤的身躯搭配了一个圆润的陶壶，陪伴它，抚慰它。这陶壶不像瓷器那般名门闺秀，也不似竹器那般小家碧玉，更不像铜器那款大鸣大放，她就是实实在在、懂事体贴的陶姑娘，你怎么教她，她就怎么跟你。现在，当我握着这轻盈的漂流木柄时，总想把手掌中全部的温暖送给哥哥，希望他在天上，能够感受得到。我写了一首悼念他的诗：《菩萨接走的孩子——敬悼我的大哥任和钧》。

哥哥的一生
　像河流里的漂流木
　　红尘冲刷了他的壮志
　　　病魔折损了他的筋骨

　漂流木的前身曾经那样的厚实
　　如今的身躯却是这样的轻盈
　　　流水凿刻的纹路累累展延
　　　　仿佛述说着哥哥种种的不平

哥哥近年潜心学佛
最后话语"菩萨来接我了！"
因果如此朴实圆满
有如这伴着漂流木把的陶壶
《地藏经》云：
过是报后，当生无忧国土，寿命不可计劫。
后成佛果，广度人天，数如恒河沙。
谨此敬悼亲爱的大哥安息

茶的种类

安徽
绿牡丹　屯绿眉茶　老竹大方茶
茉莉毛峰　敬亭绿雪　金山时雨茶
太平猴魁　桐城小花　霍山黄芽(黄)
涌溪火青　舒城兰花　祁门工夫(红)
黄山毛峰　白霜雾毫　祁红香螺(红)
六安瓜片　茅山青峰　珠兰花茶(花)
手工花毛峰　特殊花形工艺茶(花)

湖南
湘波绿　　安化松针
高桥银峰　安化千两茶(黑)
江华毛尖　安化青砖茶(黑)
桂东玲珑　北港毛尖(黄)
黑毛茶(黑)　沩山毛尖(黄)
安化黑茶(黑)　狗脑贡茶君山银针(黄)

浙江
龙井　　安吉白片　长兴紫笋茶
惠明茶　雪水云绿　莫干黄芽(黄)
吴刚茶　东白春芽　泰顺黄汤(黄)
方山茶　七星春芽　九曲红梅(红)
望海茶　更香雾绿　杭菊(花)
银猴茶　千岛玉叶

江苏
茉莉香片

台湾
黄柑　　东方美人　阿里山佛手
贵妃茶　鹤冈红茶　木栅铁观音
玉兰茶　冻顶乌龙　台茶十二号(金萱)
四季春　大禹岭茶　台茶十三号(翠玉)
铁观音　梨山乌龙　日月潭(红)
龙泉茶　坪林包种　玉峰香片(花)
比赛茶　阿里山乌龙　酸柑果茶(黑)

云南(黑茶)
勐库茶　　云南七子饼
杨聘圆茶　福元昌圆茶
鼎兴圆茶　景谷大白茶
普洱茶砖　思普贡茗圆茶
鼎兴紧茶　福禄贡茶圆茶
蓝印普洱　云南金芽(红)
红印圆茶　滇红工夫(红)
绿印圆茶　凤庆滇红(红)
同庆老圆茶

广东
杏仁香　京明铁兰
夜来香　凤凰单枞
龙珠茶　乐昌白毛茶
肉桂香　荔枝红茶(红)

福建
岩茶　　武夷山岩茶
肉桂　　大红袍名枞　白毫银针(白)
菜茶　　铁罗汉名枞　大坪毛蟹(白)
石乳香　白鸡冠名枞　福安白玉芽(白)
栗香玉芽　水金龟名枞　正山小种(红)
老枞水仙　福安翠绿芽　坦洋工夫(红)
永春佛手　寿眉(白)　　金毫政和工夫(红)
安溪铁观音　白牡丹(白)　福州茉莉花茶(花)

茶具

茶具

三 以食为天

茶  席

　　我喜欢去宝玲家喝茶,她是很多活动背后的推手。宝玲很谦虚,每当我们夸她茶泡得好,她就会说还有谁谁的茶比她泡得更好。同样的茶,在不同的主人手里,有完全不一样的意境,品茶的当下,连茶主人也是值得细"品"的。能被邀请到值得细品的人家喝茶是一种福气,不但能够俗虑一清,心境情境也都不同了。

　　品茶的学问很大,台湾近年来流行的"茶道"则比较轻松,所以持续地吸引着很多人。我们与朋友聚会吃饭时,每个人都有一堆话,要埋怨的、要炫耀的、要批评的、要议论的……吵吵闹闹地吃顿饭回来,听了更多的消息,也起了更多的杂念。但若是与朋友去茶会品茶,茶席的安排素雅清幽如禅坐,有一种让人沉潜安静的气氛,音量也随着心情沉淀下来,是一种很适合现代人陶冶性情、享受自在的活动。

　　日本的茶道源于中国,是天台宗开创者最澄法师到中国研习佛法后,于公元八〇五年引进日本的,一向讲究礼数,气氛严谨,难免丧失了品茶的自在随意。

　　台湾的茶席则不只是品茶,也会安排一个主题,比如欣赏书法、说故事,或是月琴、南管的演奏,所请的也都是功夫高深的名家,让茶友们心灵上更有所收获。

　　一幅宋徽宗所绘的《文会图》,很详细地记载了当时的茶席文化,局部的备茶图中,可以看到现在日本人用来煮茶的道具,跟宋朝时是一样的炉子,有些日本农家,或某些场合,会将水壶挂在天花板落下来的自由钩上面。这局部图中也详载了忙碌的备餐景致,我们以茶会友的生活是由来已久的文化活动。

零食

蜜饯

梅子

梅子的鲜果有点酸涩，一般人不喜生食，但它可以做出几十种蜜饯，女生尤其喜欢吃酸梅，名字是酸，但它却是少有的碱性食物。四至五月间是梅子成熟的季节，不一样熟度的鲜果可以制作不同口感的零食，据其熟度约略可分为四种。

五分熟的青梅，适合腌渍成脆梅，口感清爽。洗净后需轻轻拍打，让梅子稍有裂缝，加一些盐拌匀，放置一天一夜，其间仍需不时地翻动，之后用清水浸泡，并且不时地换水，待试吃没有苦味酸味时，捞起来沥干水分，加入白糖，拌匀后把汤汁倒出来，不断地熬煮到梅子略干即可。

七分熟的青梅，适合腌渍成咸梅，加入盐拌匀后不要翻搅，静置两夜让它入味，然后倒掉汤汁，置于太阳下，让它的水分渐渐晒干，直到梅子出现皱纹再放入砂糖，熬煮到糖汁出来即可。

八分熟的青梅，可制成Q梅，做法与七分熟的一样，但不需曝晒即可加入白糖，必须陆续地分很多次加入少量的糖翻搅，梅子的肉才不会缩起来。直到甜度适中时，加入茶叶即成茶梅，也可加入紫苏、咖啡或其他水果，制成各种口味。

九分熟的青梅，适合做梅子酒。梅子洗净阴干后，以一比一的分量放入冰糖、米酒，浸泡约四个月，再加入冰糖即成。民间的说法，梅子酒能改善尿酸偏高的情况。

至于分量，则大约三十斤的梅子对一斤多一点的盐。传统的家庭，除了上述之外，还会用翻搅压大石头的方式，将苦汁滗出来，之后还会要至少分两次加上约一斤半的冰糖，翻搅再压上大石头，苦汁滗尽后，则可以装罐，冰糖则一层一层分次地放，相对约要十八斤的冰糖，视情况加上紫苏等，还有人放辣椒的。如此六个月后即可食用。

春末采梅的季节，梅园的梅子因熟度不同而出现层次纷纭的颜色。有一种"胭脂梅"，背面虽然仍是翠绿色，正面因为照到太阳变成脂红色，非常可爱。从小小一颗果实的身上，也可看到胭脂色漫到翠绿色的自然光影是多么的微妙动人。腌制梅子像酿酒一样，需要时间来沉淀，我买到一坛放了近二十年用海水腌制的梅子，除了香甘甜以外，碱性吃下去，胃立刻酸碱中和，舒畅很多，真是具足了健胃整肠开胃口的效果。

另外有一种杨梅则可以生吃，也可以做蜜饯、做醋或酒。杨梅又称"珠红""树莓"，分布于海拔三百至一千五百米之山麓，成熟时期约在五至七月间，盛产于江浙一带，台湾比较少。它的外表密生着一粒粒红色的囊状体细瘤，果实无子而香甜多汁，虽然是木本类，却像蓝莓或草莓般脆弱易烂，采收时必须动作快，不能压到，采收后也不能像梅子一样放个一两天，因为一经放置就会失水变小，很可惜。最好摘下后不要洗，立刻装入塑料袋冷冻，要吃时再解冻冲洗。我是采收后立刻用米酒清洗，置入玻璃器皿做醋或酒。透明的玻璃罐放在窗边，杨梅一天天地缩小、溶解，汁液日渐丰盈。每天看着窗边的玻璃罐，那等待的心情也和瓶里的颜色一样鲜红呢。处理这类腌制过程，不要碰到水，就可以放得久。除了梅子以外，果皮也可用来做成蜜饯。好比秋天的白柚，快要变成黄色时，把厚厚的皮剥下来，分成小块，与黑糖一起放到电锅的内锅，外锅放多一点水，中间搅拌多次，可能蒸上两三回，最后干燥即成。吃起来甜甜苦苦的，研究都说食物该吃些苦的才好，这就是简单速成对治久咳的一个蜜饯良方。梅子酵素做法简单，容器消毒，依序放糖、洗净六到七分熟的梅子、矿泉水，一比一比一的比例，留点空间以防气爆。放置三四个月即可稀释饮用。

八仙果

水蜜桃干

樱花果

草莓

陈年金枣

野生金橘

辣芒果

情人果

玫瑰李

蜜汁李

乌梅李

酒李

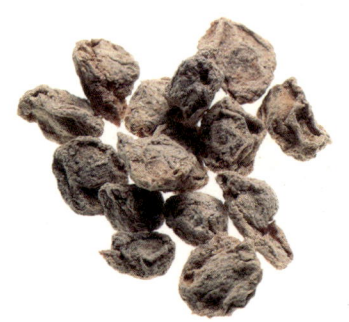
干甜梅

桂花梅

甜菊梅

绿茶蜜梅

| 柠檬片 | 山楂 | 洛神果 | 山楂饼 |

| 红芒果 | 橄榄丝 | 橄榄片 | 化核橄榄 |

| 冰梅 | 干草梅 | 咖啡梅 | 化核梅 |

| 炭熏乌梅 | 白梅 |

蜜饯百科

蔓越莓	无花果	油切果	凤梨角
芒果	青芒果	芒果糕	台湾芒果
辣李	葡萄李	福州李	陈皮梅
玫瑰花茶梅	树梅	草冰梅	餐后梅

匠心手藝

西周 （1046—771BC）

东周 （770—256BC）

史前 （8000－2070BC）

商 （1600－1046BC）

夏 （2070－1600BC）

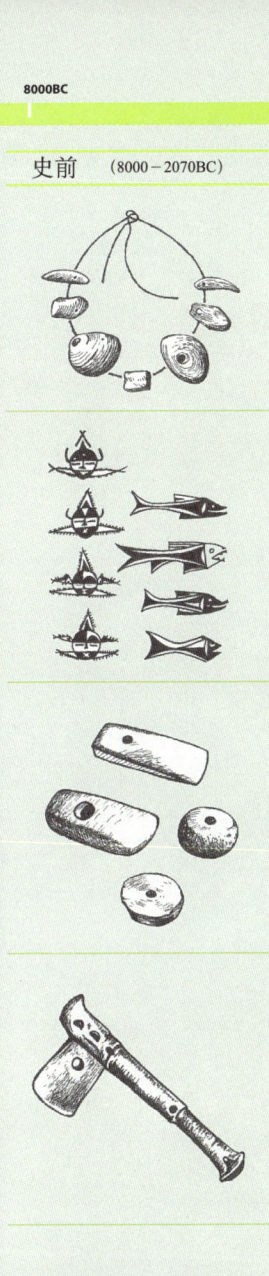
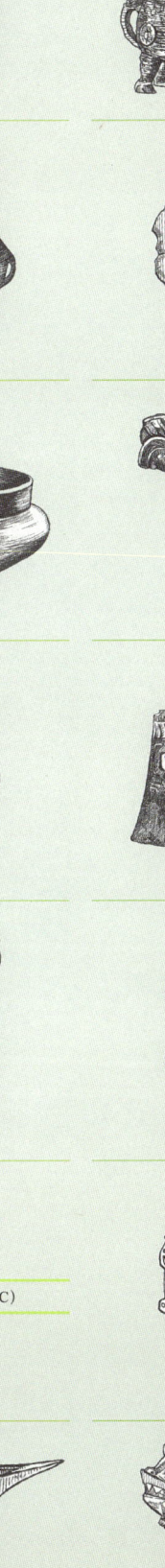
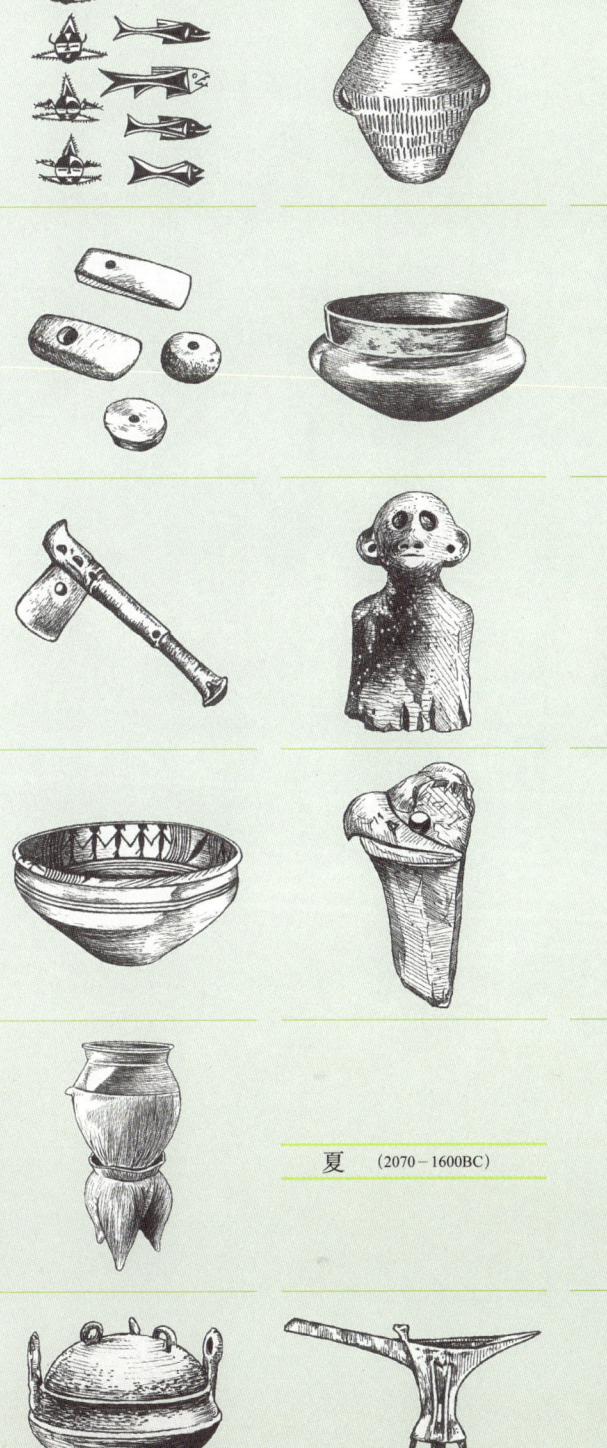

器物

秦 (221–206BC)

汉 (206BC–220AD)

类银似雪 雨过天青

中国陶瓷的发展史，从开始蓬勃发展，臻至高峰的唐宋时期，出现了"南青北白"与"八大瓷窑体系"等名词，这解释了自然条件不同而发展出"南方流行青瓷，北方流行白瓷"的现象。青瓷的特色是胎土施以含有氧化铁的釉，南方的窑口就地取材，利用当地含铁量百分之一到三的瓷土，在烧制的氧化还原后呈现各种不同的晶莹釉色。"雨过天青云破处，这般颜色作将来"，就是后周世宗柴荣赞叹汝窑釉色之美的想象，也有一说是宋徽宗对汝瓷颜色的要求。东汉时期就已经有成熟的青瓷出现的记录；魏晋南北朝则为其独盛之时；至隋、唐、五代时期，越窑是全国青瓷产出最重要的窑口，直到宋代的龙泉窑、汝窑乃为青瓷中的精品。

白瓷则是胎土经过淘选，掌握土质的除铁技术，颜色较白，并施以洁白澄净的透明釉料，经过高温烧制出"类银似雪"的白瓷。成熟的白瓷至隋唐形成风气，北方邢窑因其土质洁白，且经过人工淘洗，大量产出洁白晶莹，质量甚佳的白瓷，有着"天下无贵贱通用之"之说。随着实用性的发展，白瓷也逐渐地加入越来越精练的审美元素。

"八大瓷窑体系"是指北方的定窑白瓷系、耀州窑青釉刻花瓷系、钧窑窑变釉瓷系和磁州窑白地绘黑花瓷系；南方的龙泉窑青釉系、越窑青瓷系、建窑黑釉瓷系和景德镇窑青白瓷系。若以现代人的语汇，不妨将这些知名窑口视为一种"名牌"。这些名牌窑口竞相生产着当时流行的特色商品，窑口之间做的器形与釉色也会互相参考，争取客人的青睐。以生产青瓷为主的南方窑口，也会尝试做出白瓷的器形与釉色，如福建德化窑，在明代大量产出冰清高洁的白瓷制品；而北方的耀州窑青瓷，因其土质关系，类似橄榄绿颜色与南方青瓷青翠的色泽有不同的趣味。这些审美喜好的分类，可以说是一种地域性特色的综合表现，并非其他地区不能复制的。

陶瓷作品风尚与品味的形塑过程，必然有昙花一现的插曲，比如唐代的三彩与宋代绞胎。唐三彩是低温烧制的陶器，釉料用含铜、铁、钴、锰等元素的矿物，并加入大量的铅作助熔剂，经过八百摄氏度左右低温烧成后，以黄、褐、绿为基本釉色。从出土的器物显示，唐三彩作品多当成陪葬品。宋代绞胎瓷器通常是用黑白或褐白瓷土，拧麻花般将两色瓷土绞在一起，经过烦琐的反复加工后，坯体可呈现出两种瓷泥绞在一起所形成的纹理，横竖交织，十分独特，成品多为豪门贵胄使用，到了元代之后失传，无人知道如何烧制，成为后世追觅的谜题。

每件陶瓷的制成，是各地窑口凭借当地的土质条件，以及制作技巧，把细心挑选的坯土塑形后，刻花上色上釉等，掌控烧制时间与温度，期待高温烧制的氧化还原后，形成一个个端正、美观、实用的器物。历代以来，一个个窑口支撑着当地的经济发展，数不清的大小口子就仰赖着那永不熄灭的红炉火，期待烧出"雨过天青"的南方情调，或淘洗出"类银似雪"的北方景致。

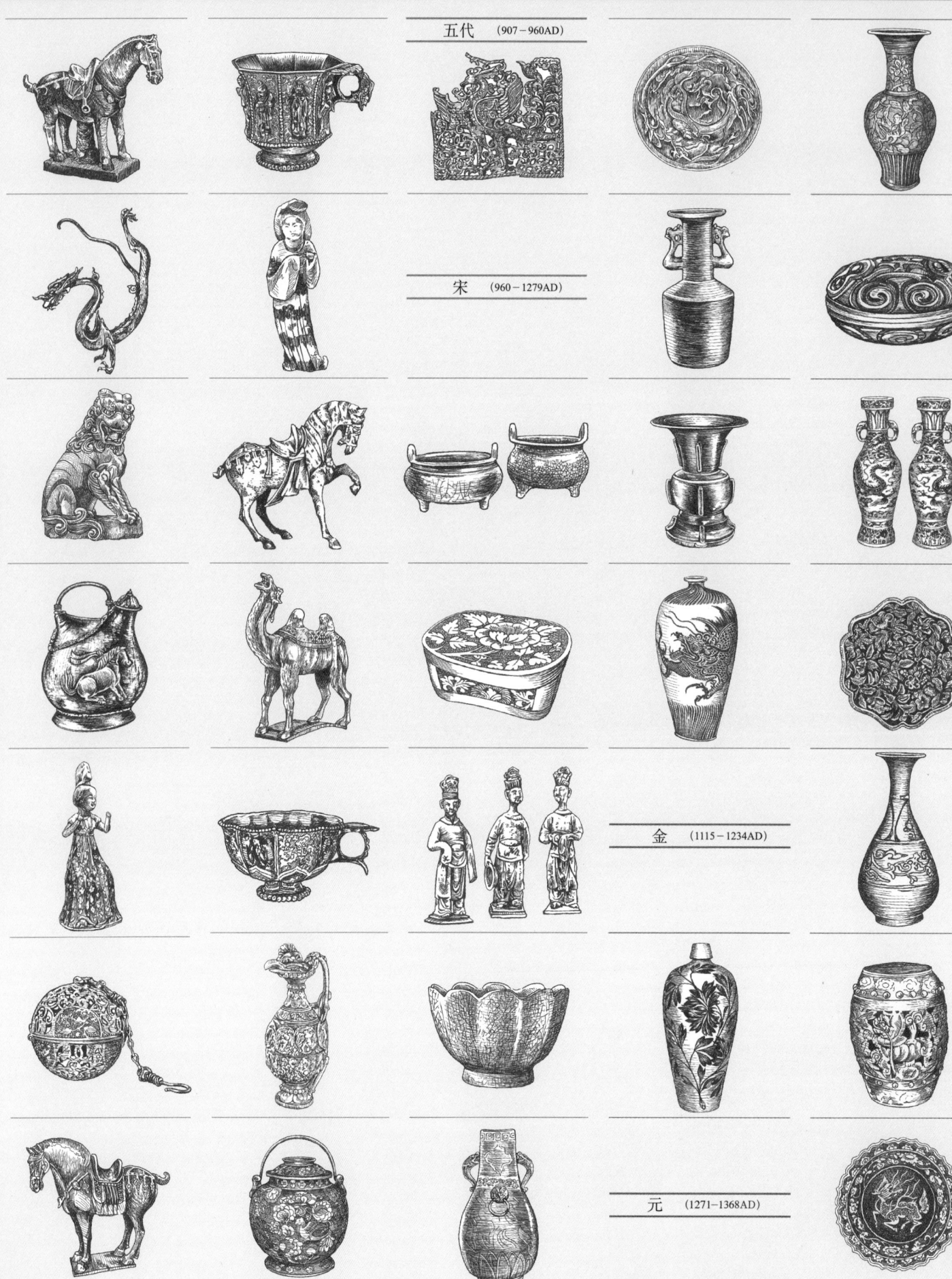

200AD　　　　　500AD　　　　　600AD

三国　（220－280AD）

  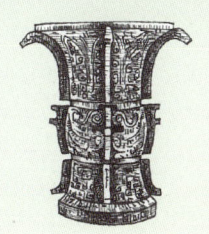  

魏晋南北朝　（265－589AD）

  唐　（618－907AD）
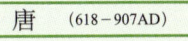

 隋　（581－618AD）
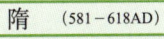

    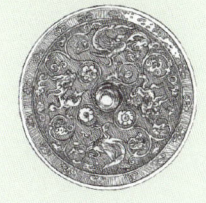

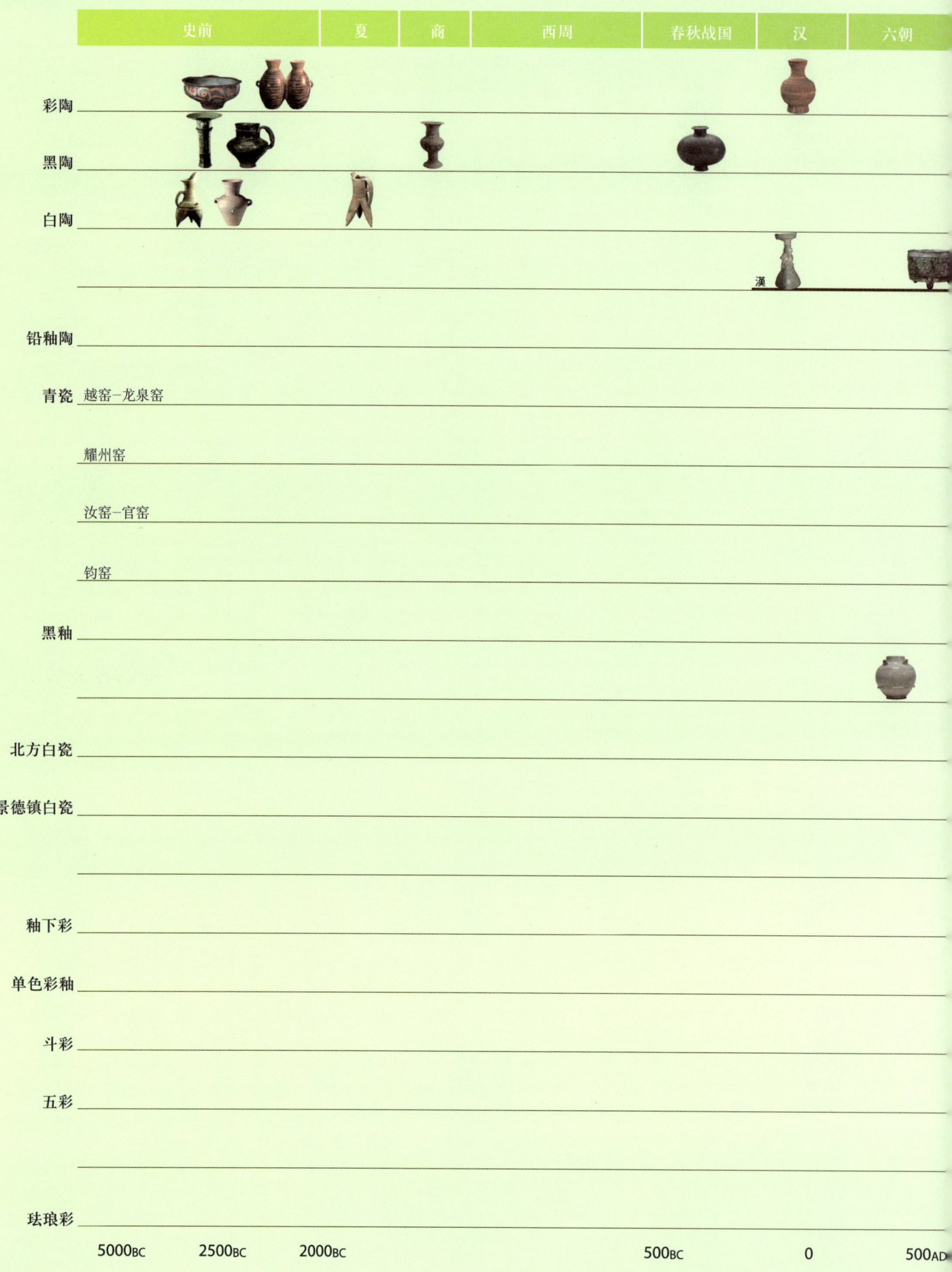

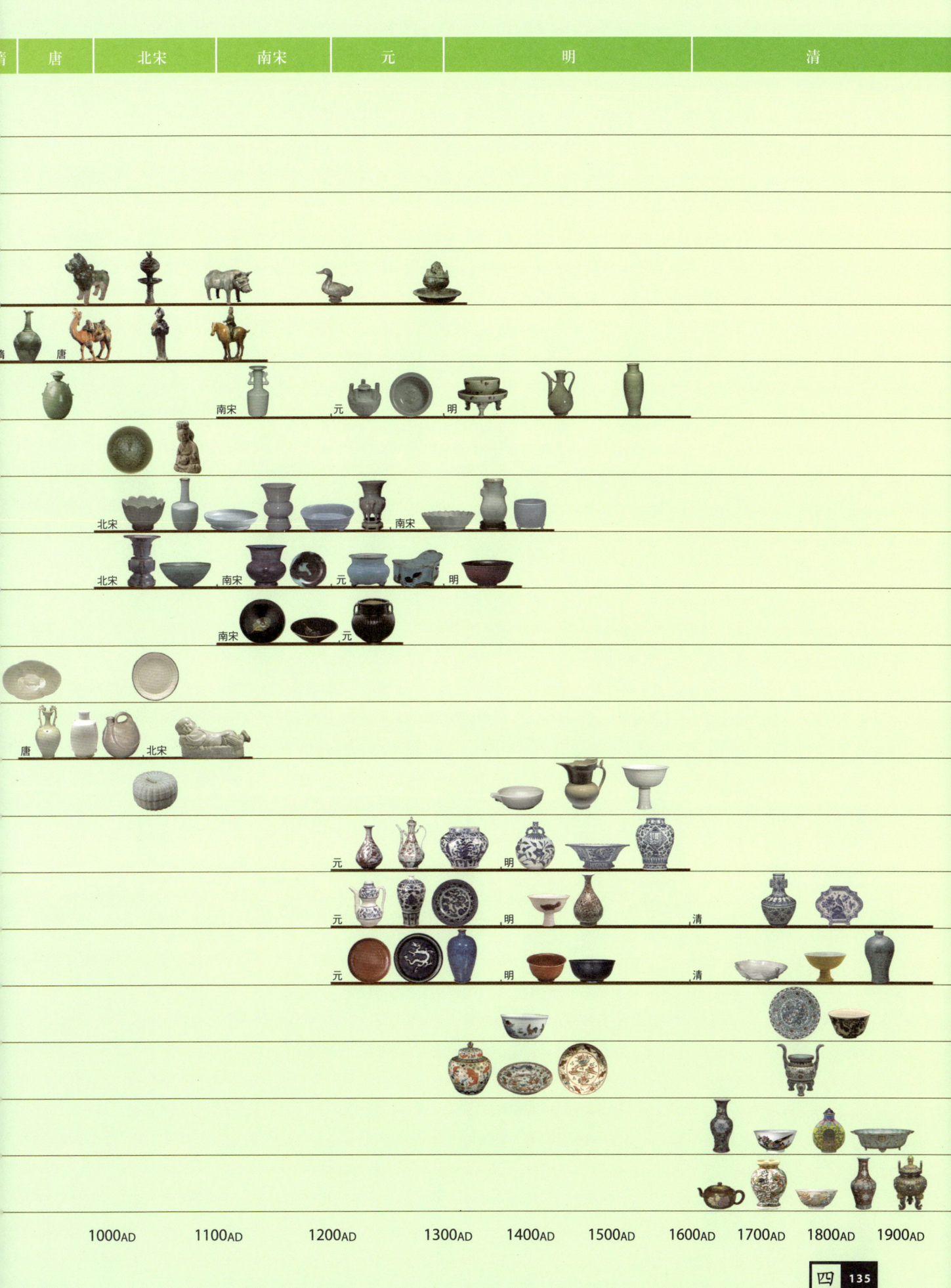

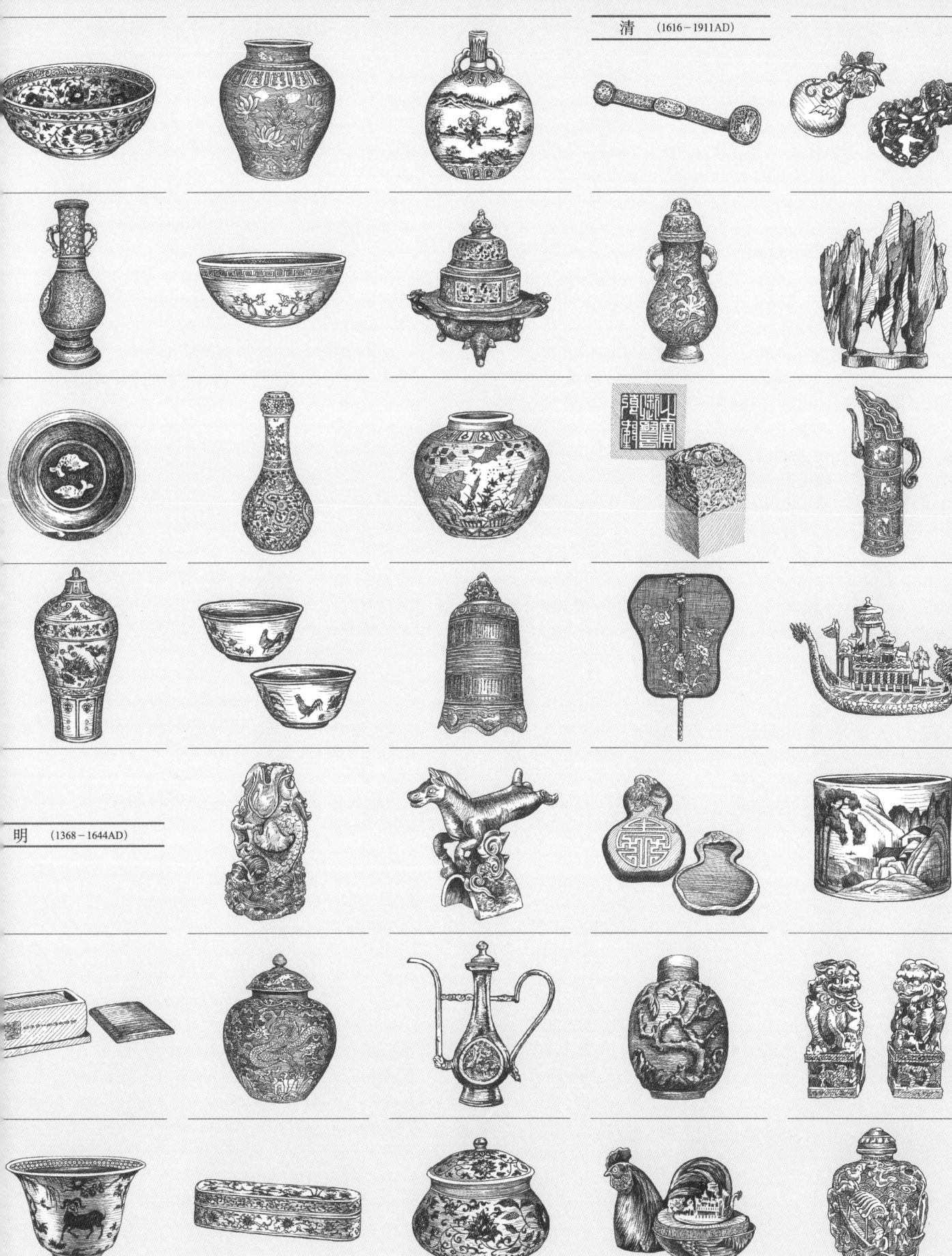

器物

这一篇章所整理的，是古代生活用品中的器物。举凡祭祀礼佛到锅碗瓢盆，还有痰盂夜壶等，这些器物因重实用性或者观赏性，而被长久地保存下来。中国器物的造型和特质，由于各朝各代生活与美学的演变，加上外来文化的融合，使得它们呈现的工艺之美，不但结合了人文情怀，甚至展现了生命哲学，留下足于傲世的璀璨记录。

我第一次注意到器皿，是小时候看京剧，发现剧中人饮酒的酒杯杯底竟有三个尖角；那特殊造型是我以前没见过的。后来听长辈说，才知道古时候行军在外没有桌子，喝几口酒想歇息一会儿，可以把那三个尖角插入土里放稳一点。

稍长之后参观博物馆，看到六千多年前的新石器时代，有一种可以从河里汲水的尖底瓶，两边还附有耳朵，以便穿上绳子提回家。不禁赞叹前人的智慧，真是让人折服。再看那些炊具，有的设计是为了方便生火，有的则是为了维持火的温度，这些器皿所展现的当时状态，总让我遥想，那时候的厨房是什么模样？

欣赏古代的器皿时，我不但想到它的实用性，也观察它的造型美学。制作者的实用需求也许有相近之处，但对于造型线条的揣摩，每个人的天赋是不同的。欣赏这些古器皿，研究它们出现的年代与历史演变，确实是非常迷人的事情。

我最喜欢的器皿材质是青铜，最喜欢它们身上的器耳、提梁、盖钮、盖子；这些都是为了实用而设计，但总能兼顾美感与吉祥寓意。其次是各类龙凤鸟兽象犀的器物，它们的造型多变，比例匀称，想象力丰富，也可看出当时动物出没、迁徙的状况。

这次制作器物篇章，尽可能囊括可以查询到的数据，再以减法配合画面的美观为要点，取其中之精华刊登于内页。这段时间整理了五百多件器物，无一不是丰富想象力与完美工艺的结合。如果能每天什么事都不做地欣赏这些器物，该是多么享受的事啊！但那就可能落入中国人所谓的"玩物丧志"啦。

整理这两个双开页面，花费了近半年的时间，除了两岸故宫的器物，也网罗许多国外博物馆或私人的收藏。其中很多形体，若不是为了这个章节，以前是无缘看到的。而在赞叹我们的工艺之美时，内心也不禁充满了困惑。我们的老祖宗留给我们这些完美的线条与比例，为什么我们举目望去的，尽是一些滑稽无聊的图绘呢？为什么那时的精湛技艺没能留传下来？现代科学讲究计算，各种机器手臂和先进的脱模技术尤其发达，为什么在工艺上却远不如古人？

　　呈现在这里的三百件器物，大概只有收藏者或研究者才有机会领略其中精华，民间不容易看得到。为了让这些完美的造型或比例铺陈在孩子们眼前，我决定舍材质而以形体为首要，利用西洋铜版刻版画的细线条笔触，绘制再现这些器物；也可以说，我想整理出一套属于中国人的"器物图标"——我担心今天不做，改天这东西变成别人的啰！

　　这个构想产生后，马上想到插画家叶子明——《传家》第一版的插画就出自他的手。我要特别感谢他的功力与耐力，终于完成了这史无前例的五百多组"器物图标"（呈现于书中的约只有三百组）。

　　我选了瓷器作为双开拉页的封面，因为这门工艺延续至今，古老的窑还存在，象征着承传。同时，在世界语言中，China代表着"中国"，而china后来也代表中国特色制品"瓷器"。这个优美且分量很重的文字，伴随着唐代瓷器外销欧洲各国。

　　我们的瓷器成熟于东汉晚期，其后的四百多年，形成中国陶瓷史上的第一个发展期，这是以青瓷独盛且历久不衰的时期。到了唐代，则因"南青北白"与三彩陶器、黑釉、花釉、绞胎以及釉下彩绘的发展，攀登史上的第一个高峰期。宋代有"定、汝、官、哥、钧"这"五大名窑"：加上八大瓷窑体系的成熟，边境游牧民族风格或富于地域特征的瓷器也闻名于世，可谓瓷器最辉煌的时期。当青花瓷于元朝达到成熟的巅峰期之后，不仅影响了后来的明清主流，其红、蓝釉等高温颜色的烧制成功，更是中国工艺史上的重大突破。明清时期景德镇成为瓷业中心，五彩缤纷的色彩一直延续至今。

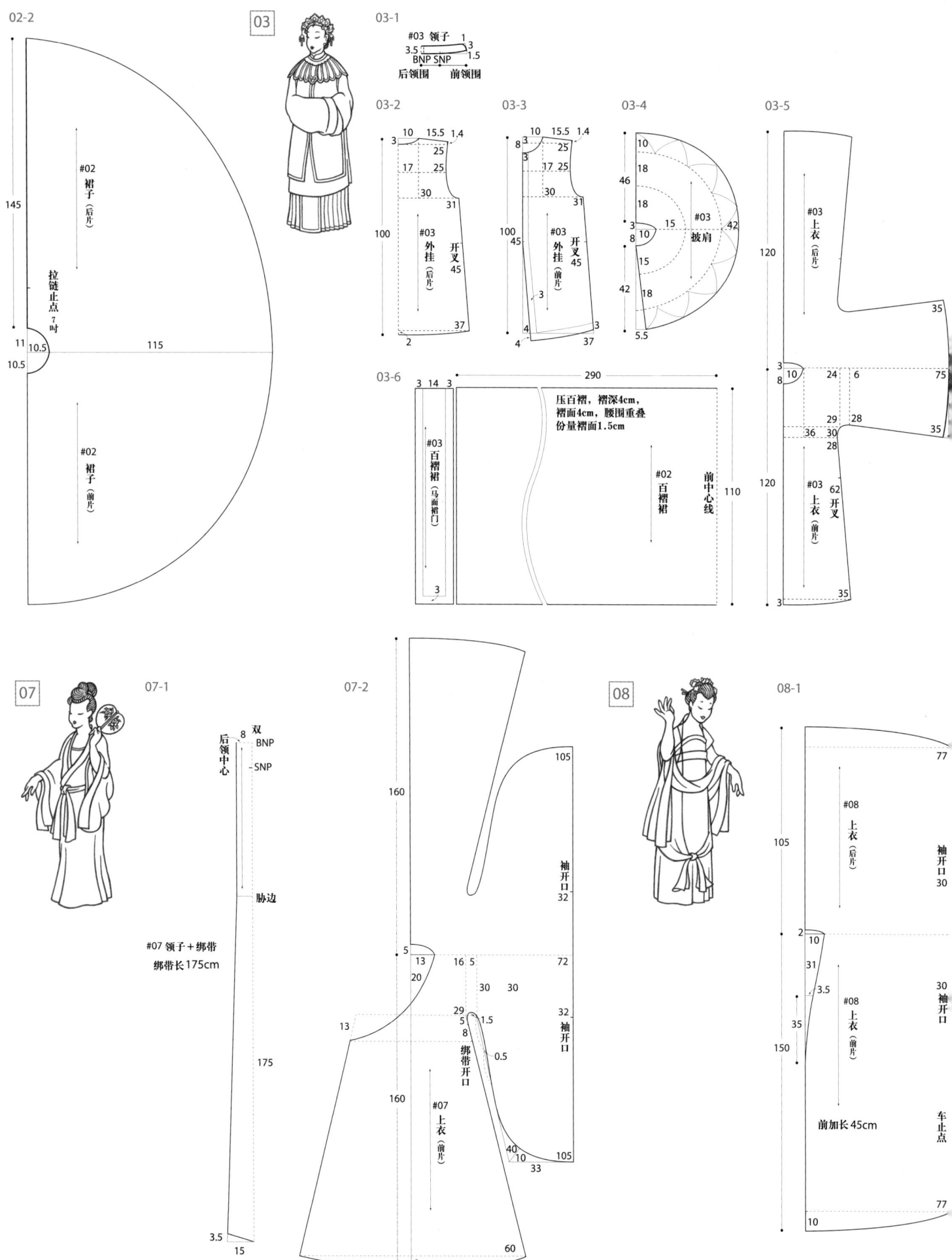

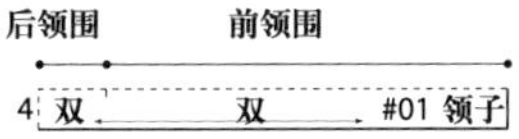

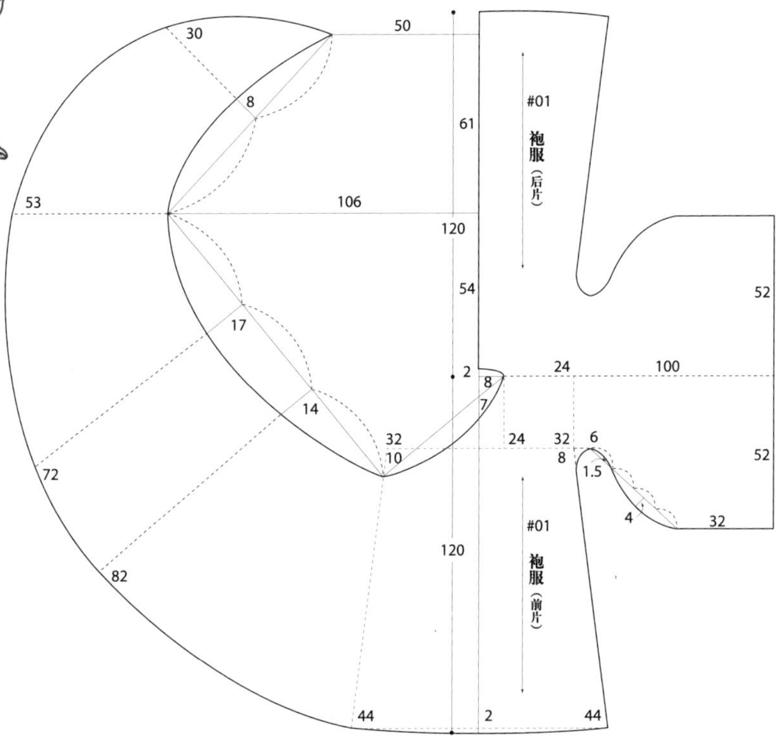

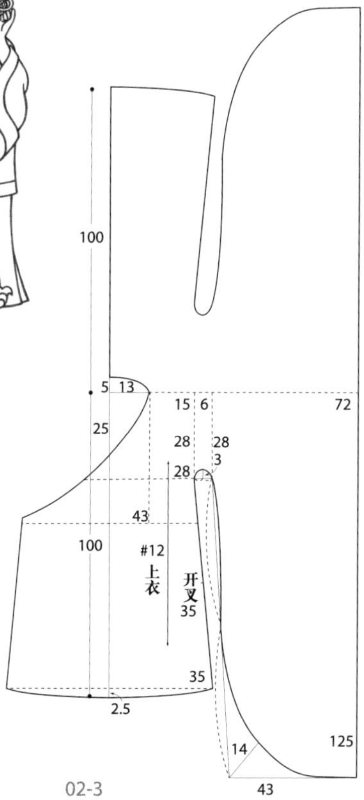

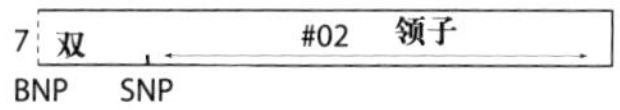

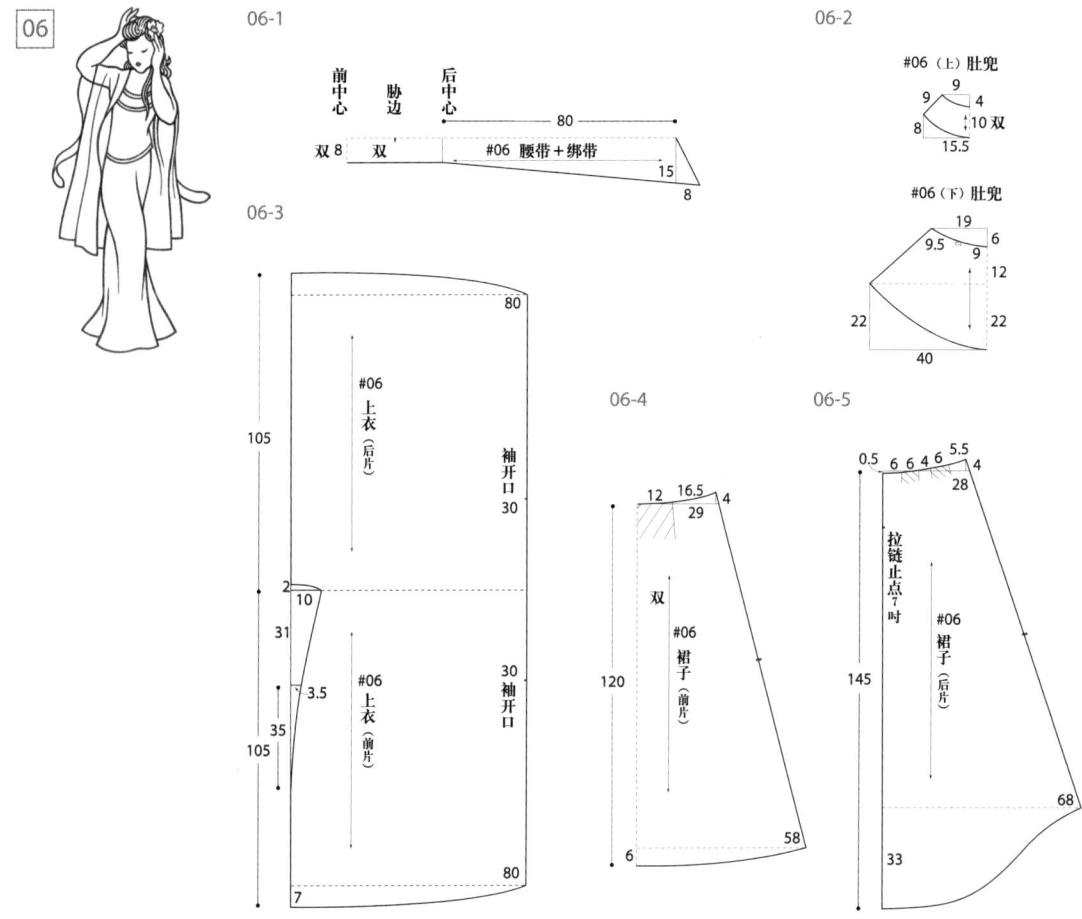

01　02　03　04　05　06　07　08　09　10　11　12

中国女性服饰

中国历史上，有关女性服饰的记载并不多，我在仅有的资料中，从春秋战国的"深衣"开始，到清兵入关出现的马甲背心，到满族人的宽大的旗装，演变成现在代表中国女性的旗袍，一共选出二十三个样式，借以看到不同朝代女性所着重的服装风格，然后委托实践大学服装设计学系的郑惠美老师等，将版型打样出来，再分别用胚布与西式的丝绒或雪纺布缝制出来。

这二十三种款式呈现在我面前时，我好像从不同服装的形式、材质，看到不同朝代的女性所拥有的习惯与风俗。不论是华丽开放、保守拘谨或是庞杂繁缛，"女为悦己者容"的心情相信是没有历史的界线的。

旗袍曾经是中国女性服饰的代表，小时候看妈妈们穿，总觉得有一种端严加上妩媚的美。而今穿旗袍的女人越来越少了，反而大多以露胸或露背来展示新潮的性感。其实旗袍不止最能彰显女性的婀娜多姿，也最符合中医劝人不要把脖子与胸口露出来的医理，因为保护胸口，不至于招风寒，毛病就不容易上身了。

从这些服装的制作过程中，也很清楚地看见，我们的古代服装，影响着今天的日本、韩国与东南亚的传统服饰。而选择东西方不同材质的布料，有可能会迸出另类的中国风潮吧。

13　14　15　16　17　18　19　20　21　22　23

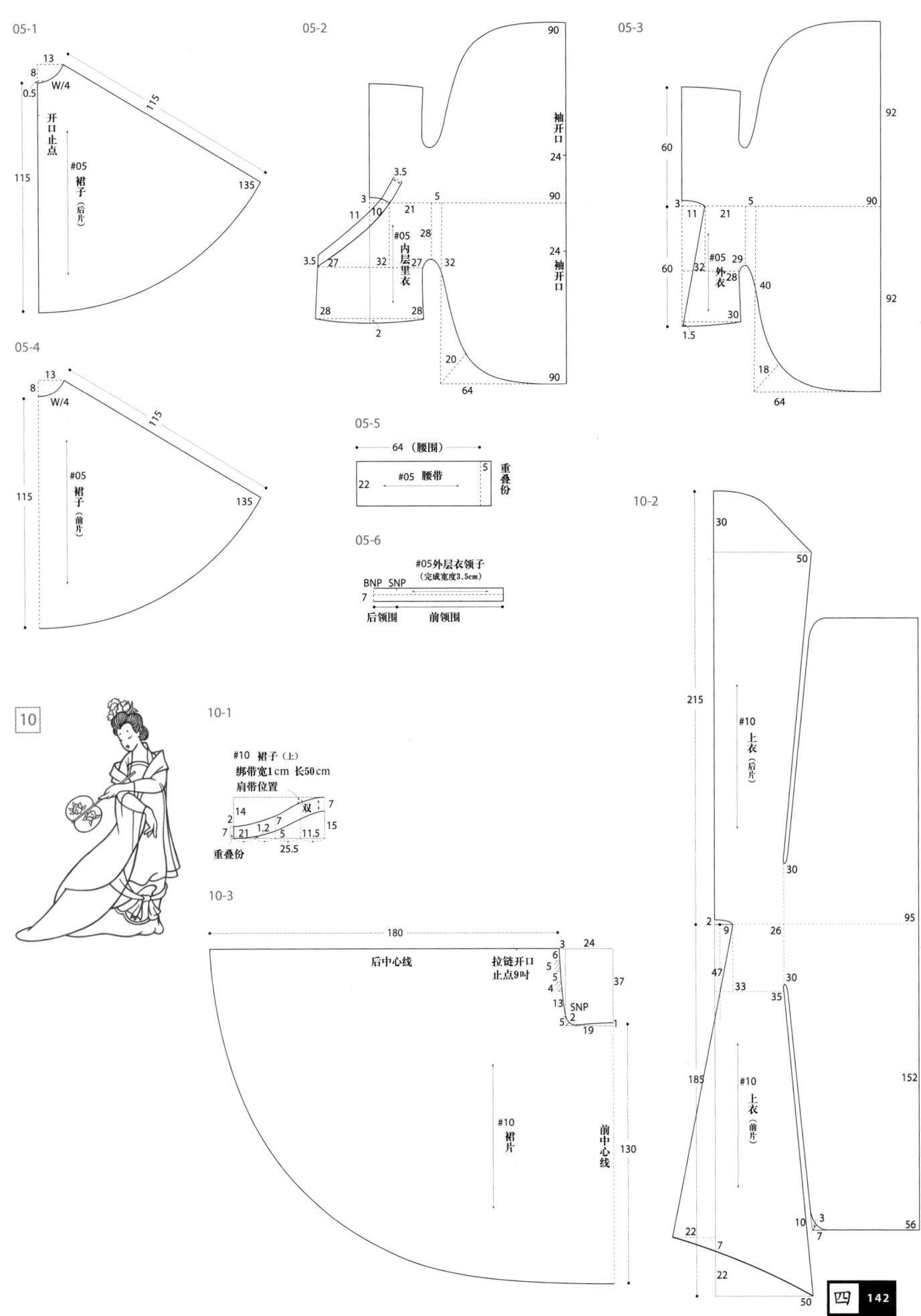

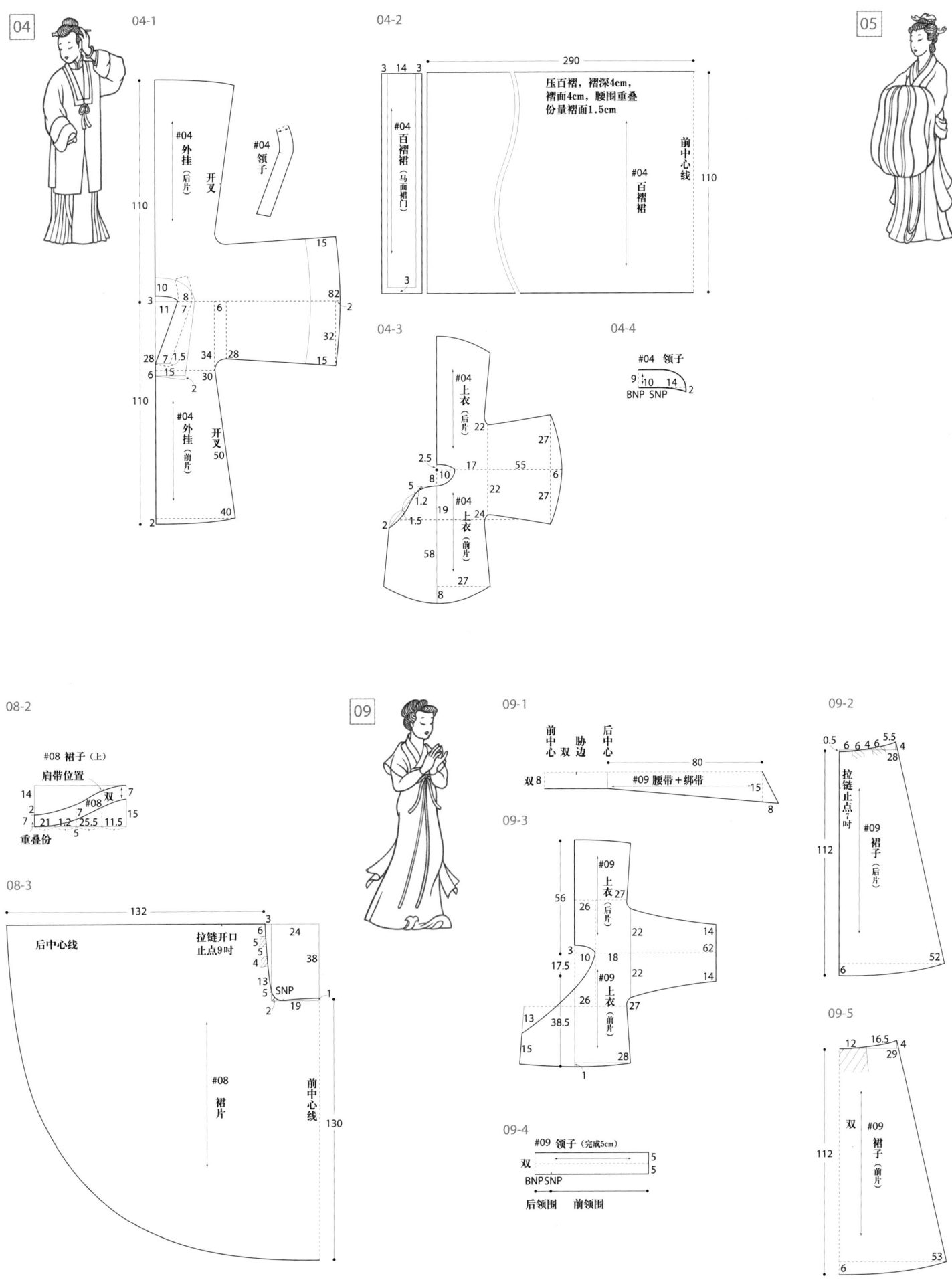

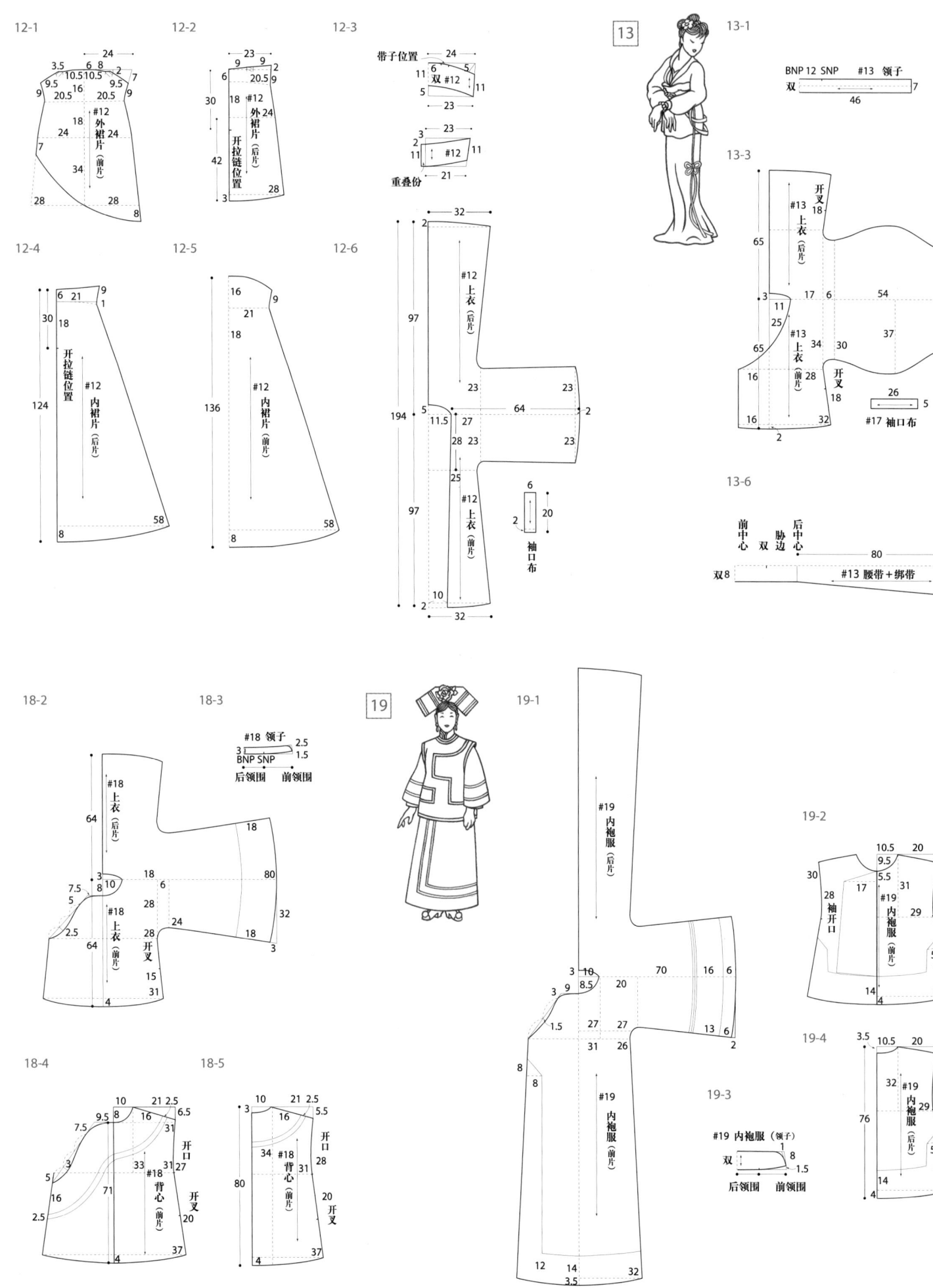

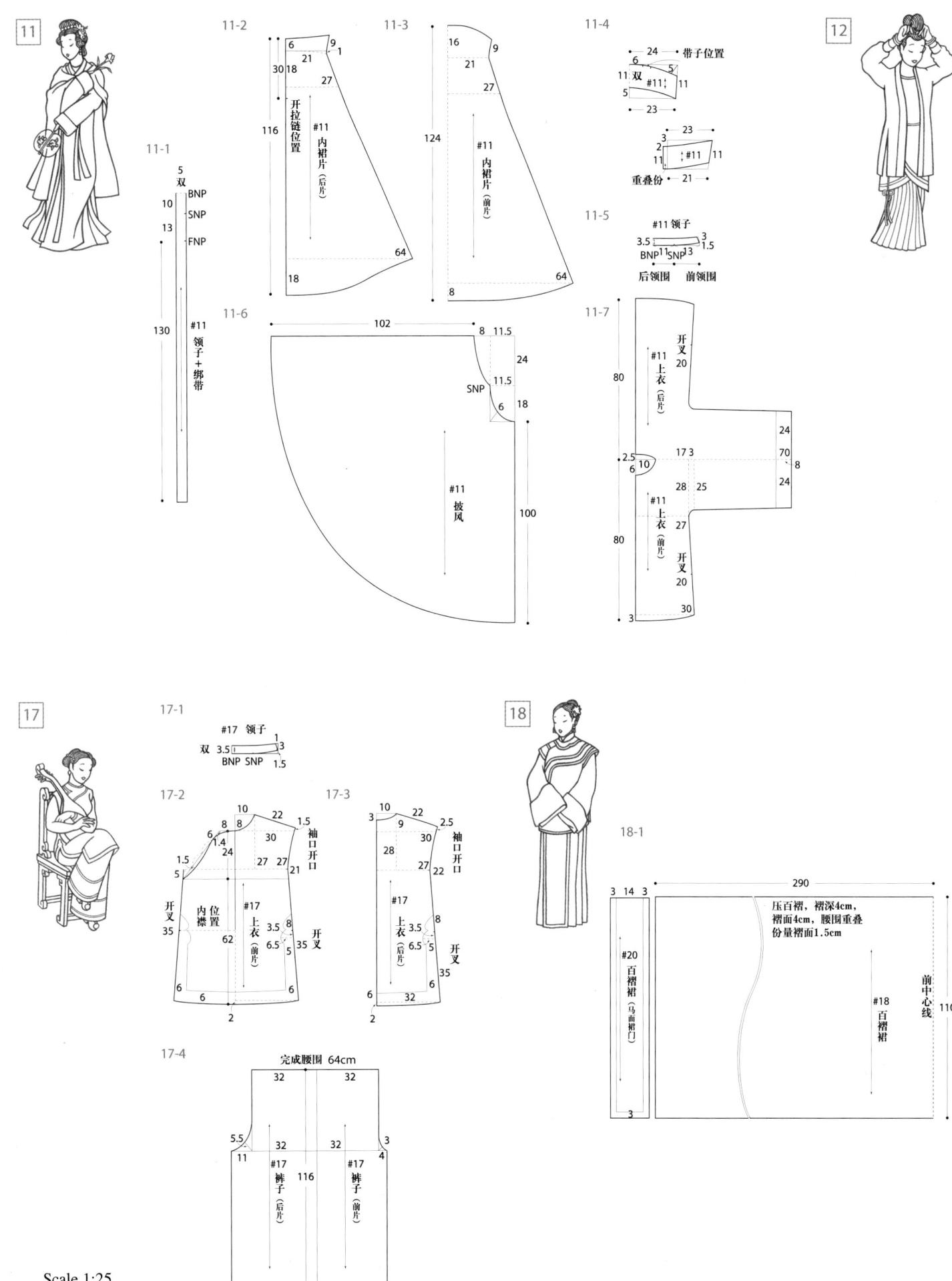

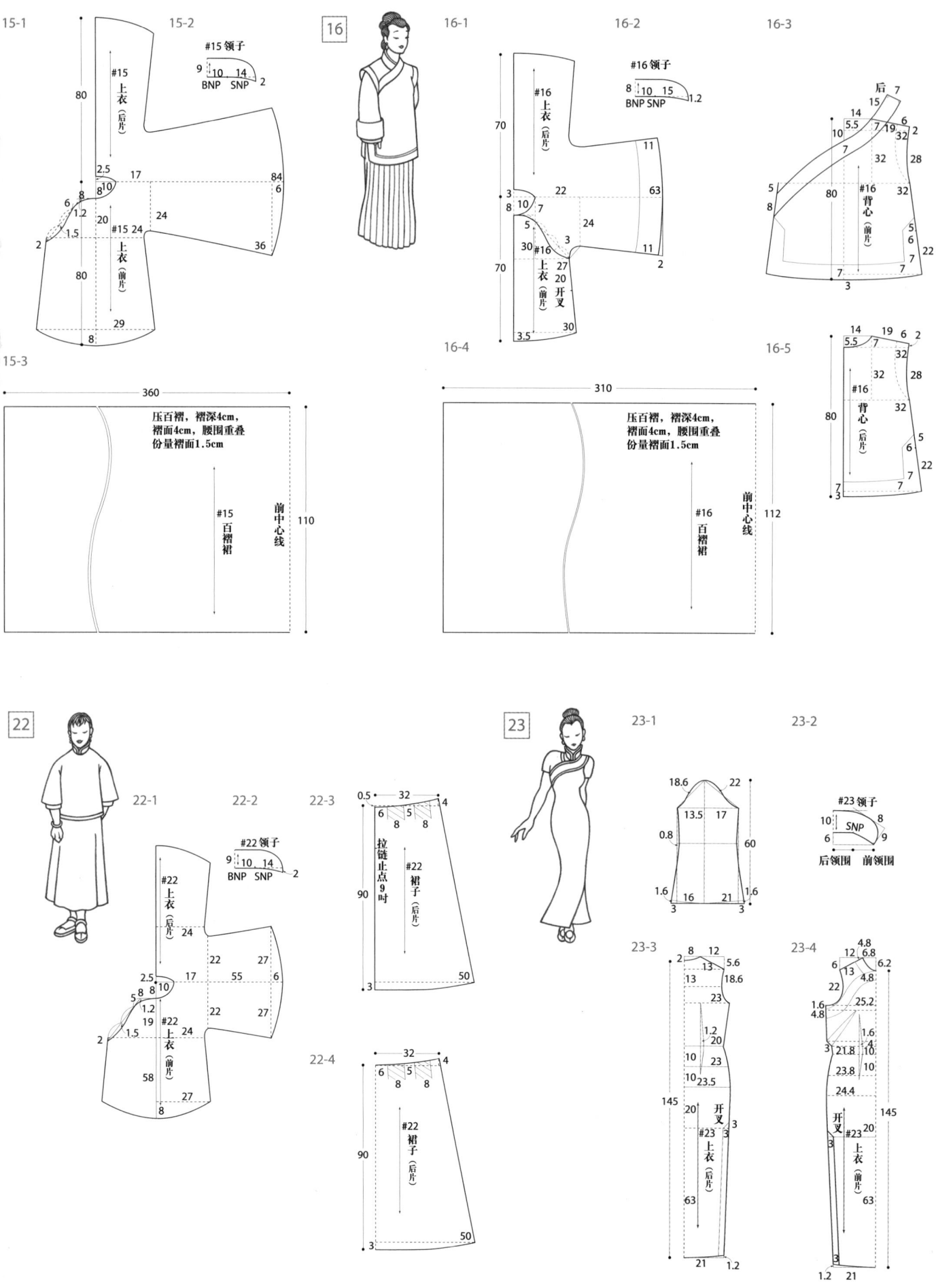

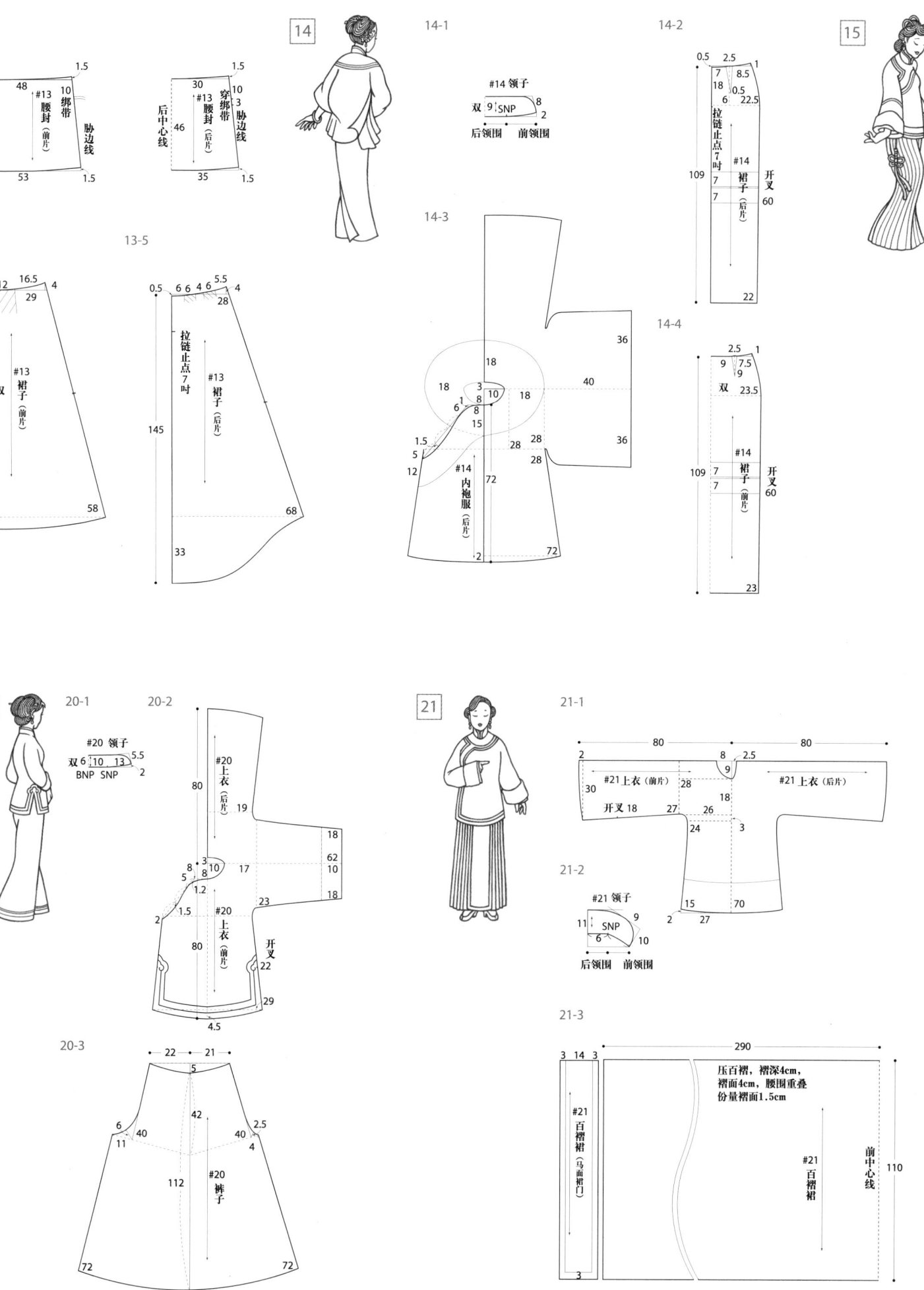

珠宝首饰

　　我自己不常戴珠宝首饰，却很喜欢做闪闪发亮的美丽珠宝，那跟京剧里的服装头饰有很大的关系。以前看着妈妈在舞台上穿绫着缎，一顶头饰上不知缀着多少亮晶晶的珠宝，真是好不神气！那印象一直跟着我，使我迷恋华丽的造型，鲜艳的色彩。

　　六年前开始学着玩珠宝设计，从敲打光洁无华的金属片开始，但我总急着为它们配上亮晶晶的水晶珠宝，于是开始采买漂亮的原料。哪知珠宝原料的采买规矩，一次就要以一千四百四十个为计算单位。我第一次买的是红水晶，想尽早用完那一大堆，只好拼命地设计。然而单一的色彩哪能满足我对那些舞台头饰的缤纷爱恋，于是掉入了各种颜色的一千四百四十个陷阱里。展示出来的分成红色、珊瑚、蓝色、黑白色、石榴与绿色、银色等。

春之礼

礼尚往来
谈送礼的艺术

儒家典籍《礼记》有云："礼尚往来，往而不来，非礼也，来而不往，亦非礼也。"意即别人以礼相待，也要以礼回报。明代李诩也说："礼有往来，人情之相望也久矣，不可以徒受也。"意即礼能够保持人情和谐，而礼数也是一种需要学习的功课。

中国本是礼仪之邦，可惜的是，这个好的风尚逐渐被快速而忙碌的时代所淡忘。关于基本的礼节，我将在另外的篇幅里探讨，这里先谈谈送礼的艺术。

什么样的东西是合宜的礼物？且看以下几个送礼的例子。我的同学丽莎，老家在台湾，婚后住在洛杉矶。她母亲听说洛杉矶冬天很冷，觉得出去买菜穿棉袄既轻便又保暖，为了取悦亲家母，特别去买了不怕脏又耐用的棉袄，千里迢迢寄过去。住在洛杉矶的亲家母爱时髦，觉得这种深色的肥大棉袄穿上身会让她老十岁，收到礼物后一直怒不可遏。而且，为了报复，等媳妇过四十岁生日那天，把它转送给丽莎做生日礼物，从此三方关系破裂了。丽莎气急败坏地说给我听，我则数落她自己不够敏锐："两边都是你的亲人呀，你明知道婆婆爱时髦，当然要先跟自己的母亲说明白。"——本是一番美意，一件棉袄却造成情感裂痕，到现在都没有办法弥补。

美食作家王宣一，也有一个送礼的故事。她小时候与家里的兄弟淘气，会在收到的礼物上做个很小的记号，妈妈不知情，予以转送出去，结果过一阵子那件礼物又原件送回自己家。这表示那份礼物不讨人喜，才会被人送来转去。

有次在牌桌上，我听到某太太拿百货公司的赠品当礼物的故事，收到的太太边说边"砰"的一声把手中不要的那张牌丢出去，好像那张牌就是那件不受欢迎的礼物。贪图便宜或是转出去自己不要的东西当礼物送人，结果就是如此不堪。

还有一次我去长辈家贺寿，走入门口就见楼梯边丢了两盆花，进了门则是一片花团锦簇。我问了佣人才知道，丢在门口的两盆花，一盆有白花，老太太一看就生气，另外一盆则是花已开过头，老太太说拿快谢的花送人，没诚心！这不免让我替那两个送花的人感到委屈，他们如果不送还不会被骂呢。送花一般都通过花店，自己没亲眼见到，真是挺惊险的。礼多人还怪，多么划不来。

另外一位朋友说他收到一瓶珍贵的酒，可惜是假的。送礼的人可能要巴结他，特地去买了一瓶即将失传的金门黑金龙高粱，送者可能还费了很大的功夫才找到这样的酒，但因为不在行，不知那是假货。而收者比送者在行，一看就看出是假酒，本来也是一番美意，却因此可能毁了一桩生意。

我不敢说什么物件一定是合宜的礼物，但以上的例子则说明了什么是不合宜的送礼态度。首先要了解的是送礼的对象，大致上要先了解背景才不会送错，其次是"己所不欲勿施于人"，再来是委托花店送礼，一定要讲明用途的性质，才能避免忌讳，如能亲自去挑选则更好。最后是，自己不内行的东西不要碰，因为风险太大，花了大钱还可能得罪人。

其次谈谈礼物的包装。小时候我们家一年三节都要张罗着送礼，每个礼物都用一张红色花纸包装，上面印了很多寿字，再配上爸爸妈妈白底红字的名片送出去。我们收到的礼，也大多是一样的包装，一样的名片。大概我三年级的时候，有一次家里收到一份包装不同于当时千篇一律的礼物，我忍不住马上想看那里面藏了什么宝贝，妈妈却说要等爸爸回来才一起看。终于等到爸爸回来，他又说要等哥哥回来再一起看。我就这样呆呆地看着那个有着嫩黄色包装纸的礼物，不断地幻想里面装着什么宝物。到了晚上，我们全家挤在桌子前，一起打开那份嫩黄色包装的礼物，充满了新鲜与好奇。礼物是食物，用几个杯子装着，好像是布丁之类的甜点。如今那口味已经不记得，记忆犹新的是那嫩黄色彩映在我们家老气的柚木皮装潢上，烘托着全家人挤在一起拆礼物的快乐气氛。那快乐的气氛已是遥远的记忆，对我却有深刻的影响。后来我做礼品设计时，色彩是我设计包装的第一原则，因为色彩能达到第一层视觉上的焦点。如果能让礼物本身会说话，则是一个成功的包装设计。而若能让礼物本身就是一个包装，就更是一个承载着环保意念的礼品设计。

每一个节日，仁喜与我常收到亲朋好友送来的礼物。因为要回礼，我去百货公司仔细浏览，发现看得上眼的，我们买不起；买得起的，又送不出手。于是我认真思索这每一季都会面对的问题，开始了业余玩票的礼物设计。

在设计过程中，因为我本身所学与从事的行业，拥有不少资源，多年来跟很多大小工厂合作，可以不断开发创意并进行实践，算来也已历经了二十几年不同色彩的季节转换。这期间的每一份创作或小小的模仿，都有它背后的心情故事，我总坚持着让每一份礼物尽可能地完美呈现。仔细地回想，所以会有这样的坚持，其实不过是希望对方能够像我小学三年级一样，收到的是一个叫作"快乐气氛"的礼物。对我而言，送礼若能兼顾气氛的掌握，即是最高的送礼艺术。

台湾
红

　　每一个地区的女人，都会对当地惯用的、富有地方特色的某样材质，有着不一样的感情。台湾的宜兰，就有一种著名的"台湾红"花布，我们在布店或被服店也能看到它的身影，从小看到大，越来越喜欢。近年来看到类似的花布，来自四川、云南等地，但色彩上绿色比例较重，打散了红色的主轴。

　　"台湾红"的颜色华丽缤纷，大红配粉红或橘红，不但充满了喜气与活力，也同时保有着娇柔与媚艳，很少能在一块布料上，找到如此多样的特质。最巧妙的是，将之跟其他东西放在一起，并不会有喧宾夺主的感觉，这块布早年就被农村妇女包在斗笠上，用在门帘上，甚至做成被面。

　　这块印在棉布上的"台湾红"图案是远东纺织生产的，棉布很细致，可塑性很强，我喜欢用它来设计礼物。我相信收到礼物的人，都会觉得既熟悉又温馨。因为这个与庶民生活结合的视觉影像，流露出一种无言的默契，让人觉得很亲。我用它做了各种大小形状的包包、便当袋、毛巾、鞋带、灯笼、檀香扇、杯子套、茶壶套等，都是非常实用的生活物件。礼物单元所展现的实品，是一些创意的介绍，读者当然也能借此衍生更多更好的设计创意。

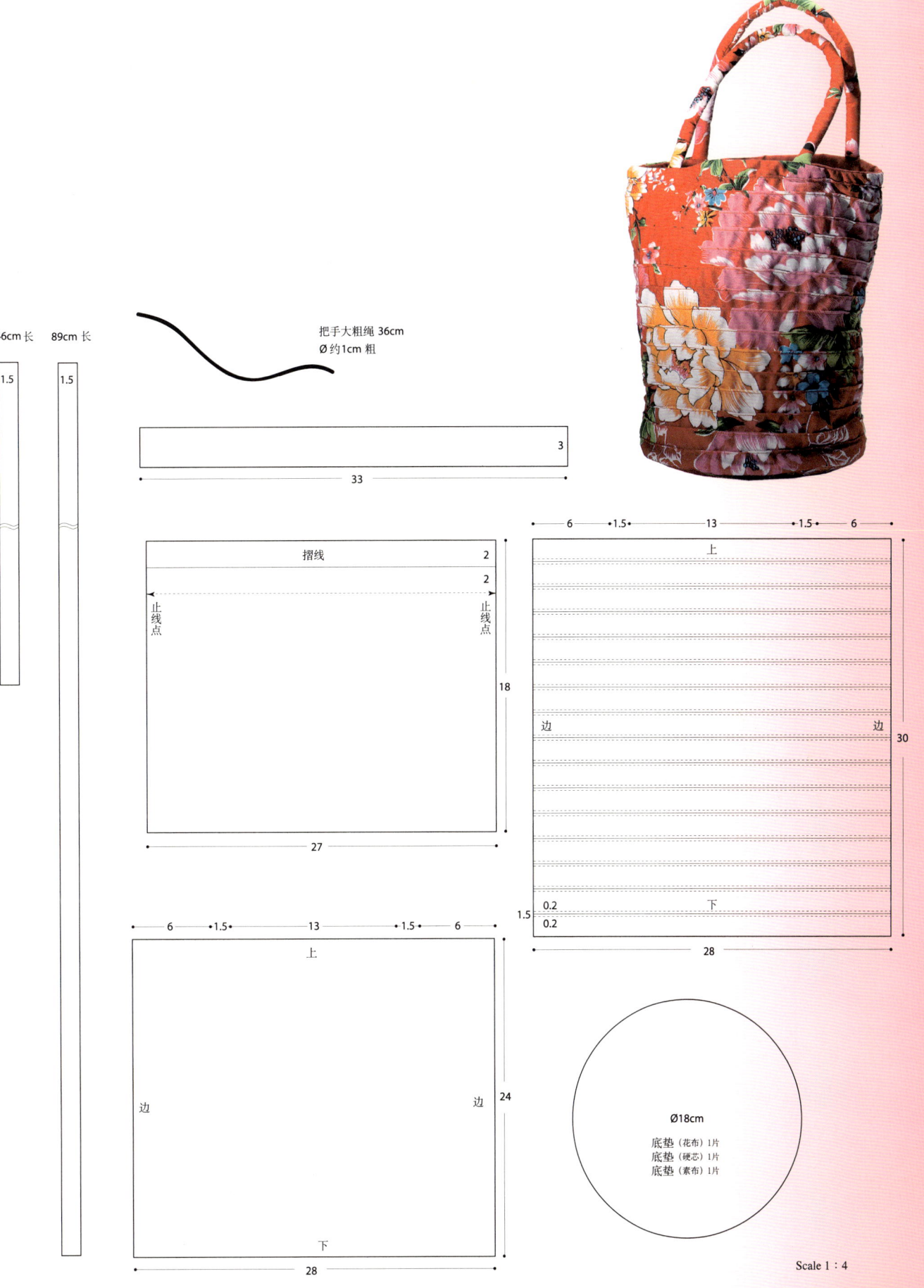

春天的花艺

花蛋糕

　　春天百花盛开,我们家的那株樱花,是最晚开花的一批。花片在树上看起来是粉红色的,落下来却是粉白色的。它们盛放的时间很短,稍纵即逝的身影让人珍惜,我决定设计一款可以存放的花艺,答谢它们年年春日带给我们如此美丽的视觉享受。

　　我把网子放在樱花树下承接飘落的花瓣,配以九重葛花瓣或枯枝,以卫生纸包夹放入书页里,干燥之后移入从瓶瓶罐罐商店买回的大小培养皿。粗大的枯枝则用粉碎机打碎,再找一些现成的干燥花朵染色,让颜色鲜艳一点,搭配一些枝子磨出来的深浅咖啡色系,最后就可以摞成一个蛋糕塔。这是一个零胆固醇、有着永久赏味期的蛋糕花艺。

山蝴蝶

正当春天的花儿们大多枯萎的时候，我们家附近山里的山蝴蝶却盛开了。它是木本的植物，梢头长出的花瓣却像白蝴蝶一样。偶尔几只白蝴蝶飞过去，还真分不清谁是蝴蝶谁是花呢。

每年春末，当我走过山蝴蝶盛开的小径时，总会想起蒋勋老师送给我的一幅字：

　　此生是蛹　来世要化作遍山的蝴蝶
　　此生是种子　来世要飞成漫天的花絮

蒋老师的声音很有磁性，而又非常悠扬，很像山里的蝴蝶穿梭于青绿的叶片间。山蝴蝶有时候可以在花市买到，搭配春天的梅子树枝，一派动中有静的春末风情。

齊家心語

给儿子的信
贾宝玉呀！

　　二〇〇五年母亲节那天，仁喜与孩子们吃过早餐就要出门，说要让我独个儿在家清静清静。他们的神情看起来有点诡异，我的心思可也会琢磨，猜想这个母亲节可能收到一个不在我 wish list 中的礼物。果不其然，近中午的时候门铃响了，我开门一看，他们围成半圈，大女儿手上抱了一只毛茸茸的东西，我还来不及看清楚，那毛毛的、热热的、重重的东西已经塞到我怀里了。

　　原来，那是一只灰黑白三色相间的哈士奇！

　　仁喜说它是个少爷，才两个月大，是他们花了一上午精挑细选的。我惊喜得说不出话来，一直笑着对它左看右看，仔细端详。它却只平静地看着我，没有挣扎，没有惊慌，灵秀优雅，一派贵气。

　　"贾宝玉呀！"我在心里惊呼了一声。

　　那是它的名字的由来。

贾宝玉长得真是俊美。它的毛色灰黑白相间，胸前的白色会随着不同的光线而呈现暖白、雪白与苍白，灰黑色则层次繁密地顺着耳朵一根一根向上排列。它的脸也是白的，杏仁一般的眼睛黑得发亮，内眼睑细细一条白线，周边又围着一圈参差有致的黑毛。它的嘴型有点尖，嘴唇一圈黑，像是随时在笑的样子。它的每一分肌肉完美匀称，脚掌略肥，浑圆而厚实。最奇特的是它的鼻子，中间有一块淡淡的粉红色，那一小块粉红，杂在灰黑之中看似一种缺陷，却是多么妩媚的点缀。而它那天真无邪又极度自信的眼神，总让我想到林黛玉初次见到的贾宝玉：

面如敷粉，唇若施脂，转盼多情，语言常笑。

天然一段风骚，全在眉梢，平生万种情思，悉堆眼角。

贾宝玉初来我家时，就像周岁左右刚会走路的小孩模样，是一种需要被拥抱的形状。每次抱着它，与那双让我"神魂颠倒"的眼睛静静地对望，我常陶醉得一句话也说不出来。

"贾宝玉呀！"我在心里叹息着。

我们家原本就有收留三只流浪狗，贾宝玉加入后，双方需要一段适应期。起先不敢把它放到院子里，让它暂时住在离我们最近的阳台。有时我已经上床关灯盖好被子准备睡觉，因为想再看它一眼，会再起身，看它确实睡得好好的，才安心回到床上入眠。但是每天一早我还没睡醒它就醒了，发出"来人呀，来人呀"似的叫声，希望有人去陪它。我一向晚睡惯了，最怕一早被吵醒，唯独对贾宝玉的叫声是心甘情愿逆来顺受的，仁喜对此还颇为吃醋哩。不过贾宝玉懂得分寸，不会像其他小狗一直叫个不停。有时我们故意不理它，躲在旁边偷看，只见它叫了几声后静下来，神态安然地四处看看，对着空气望着天空，或者跟阳台上的小昆虫戏耍，倒也自得其乐的样子。

然而故意冷落它是要付出代价的。等我们走到阳台，它会一头冲进你怀里，然后用头慢慢地蹭你，仿佛是在一股脑儿地数落你：怎么可以把我宝玉丢着不管啊？你难道不懂什么是寂寞吗？接着，最激烈的抗议来了，它会用牙齿不轻不重地咬你的手。那时，你好像做错了事在接受惩罚，绝不敢缩回你的手。我们全家五人的手掌，都曾留下那抗议与惩罚的痕迹。

除了早晨的"来人呀，来人呀"，贾宝玉平日里深悉"沉默是金"之道，从不会随便乱叫。如果听到它不断地嚎叫，那一定是它有了什么重大发现。它住到院子里后，有一次对着围墙嚎叫不停，我走近一看，原来墙脚爬行着一只很长的蜈蚣。还有一次是半夜一点钟，它的嚎叫像低沉的怒吼，我们下楼一看，它正对着客厅门口的伞桶边叫边绕着跑，伞桶的半腰似乎横着一把伞，待走近才看清，那是一条又粗又大的红斑蛇！奇怪的是，在那关键的时刻，其他几只平日喜欢汪汪乱叫的狗儿，竟然没有任何反应。

贾宝玉不但警觉性高，而且天生有教养。譬如我们用手喂它食物时，即使它很饿很想吃，也永远不会急着张口露齿大咬，它一定温柔地用舌头把食物小心舔进嘴里，而舌头绝不会碰到你的手。多么懂得礼貌的少爷啊。

有时我们带它出去玩，放开链子让它在宽阔的草地疯一下。它绝不会跑远，还一边跑一边不时回头看我们，永远保持视线跟着我们。等我们决定回家了，不用大声叫唤，只要站着原地不动，不看它，过不了多久它就会自动跑回来，低下头让我们拴上链子。

平时我们总是很小心门禁的，一回一个工人来我家忘了关门，等我们发现时宝玉已溜出去了，一家人急得从前门奔出去寻找。当我们四处找不到而气急败坏，几乎要哭出来的时候，发现它竟乖乖地坐在后门口等着，眼中流露出"闯了小祸，不好意思"的神色，让我想教训它几句都说不出口。

它不只与我们有默契，也懂得不时表达对我们的感情。我们去爬山，常常是仁喜牵着它走得比较快，我走得比较慢，它发现我没跟上就会停下来，等我到了才肯继续走。我们出国几天，回到家一定会接到它的欢迎大礼——频频跳起来亲我们的脸，最多的一次是对我的儿子JJ，跳起来亲他十二次之多。

贾宝玉是我们的开心果。每次它到室内来，由于瓷砖地板很滑，它坐着没有办法控制打滑，渐渐的，屁股会一直往后挪。为了用力抵挡，它的两只脚会慢慢变成一个"大"字，脸上流露出一种不知怎么办才好的无奈表情，让我们全家笑翻了。

有一次它到厨房来演出一出欢快的撒野游戏，也让我们看得停下碗筷，几乎忘了吃饭。那次是女儿不小心把冰块掉在地上，它立刻奔过去舔，舔一下冰块就滑动一下。它以为冰块是个有生命的玩具，开始猛摇尾巴，对着冰块叫，对着冰块笑，并且企图用脚去踩住它。它那肥厚的脚掌垫子伸出去又缩回来，努力了两次才好不容易踩上冰块，却也随即滑倒了。但是它不气馁，为了鼓舞自己的士气还绕着厨房的中岛快跑了几圈，然后再度兴奋地扑向冰块。如此踩上了又滑倒，连续几次奋战不休，惹得我们也想加入游戏，拿出更多冰块让它踩。看到冰块增多，它更兴奋了，猛摇了几下尾巴，就用力地双脚一伸踩上去，结果是加速地对着柜子滑过去，瞬间撞个四脚朝天。它气急败坏地爬起来，改变战略，不再去踩那些让它滑倒的冰块，而是把脸对准冰块不断地怒吼、叫骂，仿佛在质问冰块：你为什么要害我滑倒啊？

那天真可爱的卡通化情节，确确实实是我家的贾宝玉在演出呢。

我们家的流浪狗，各有坎坷的身世。贾宝玉来我家的第二年，我们又收留了"林黛玉"和"木屐"，加上原有的"英雄""哥弟""警察"，贾宝玉身处其中，确实像个气宇轩昂的贵族。它最喜欢和身材跟它一般大的黑狗"英雄"逗乐玩耍，最照顾瘦

弱的"林黛玉",最拿心机古怪的"警察"小姐没辙。它们的生活和人一样,每天有不同的故事上演。

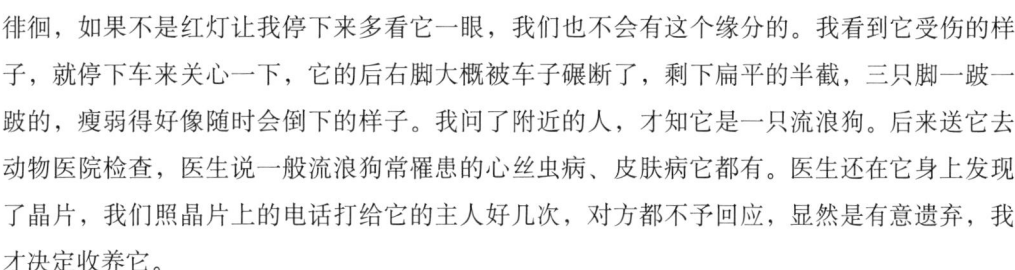

"林黛玉"也是一只哈士奇,是前年年底我开车经过中山北路晶华酒店时捡来的。当时它在酒店前的花园附近徘徊,如果不是红灯让我停下来多看它一眼,我们也不会有这个缘分的。我看到它受伤的样子,就停下车来关心一下,它的后右脚大概被车子碾断了,剩下扁平的半截,三只脚一跛一跛的,瘦弱得好像随时会倒下的样子。我问了附近的人,才知它是一只流浪狗。后来送它去动物医院检查,医生说一般流浪狗常罹患的心丝虫病、皮肤病它都有。医生还在它身上发现了晶片,我们照晶片上的电话打给它的主人好几次,对方都不予回应,显然是有意遗弃,我才决定收养它。

它是个小姐,毛色和贾宝玉相近,年龄也差不多,可能在外流浪期间常常挨饿,脚被车子碾过,身上又有病,体型比贾宝玉足足小了一半,加上一脸病容,我们就唤它"林黛玉"。它来我家后,每天都要吃药擦药,一年三百六十五天不在愁中即在病中,花了我不少心血照顾,始终也没见它硬朗起来。宝玉大少本是习惯让人伺候的,对黛玉小姐却真的懂得怜香惜玉,呵护备至,有时还会帮黛玉舔身上的伤口呢。

不过宝玉没经历过流浪,不知生活疾苦,有时也会受到其他狗儿的戏弄,最典型的一件事是吃早餐。每天上午,我们的每一只狗会得到一片吐司面包,宝玉大少当着我们的面一口咬下去吃完,其他的狗儿则各自找个角落,细细嚼食它们拥有的美食,心机特多的"警察",最常搬出它的戏码作弄宝玉。

"警察"是个老小姐,一身黑色长毛,其实体型最小。它当流浪狗时也许在险恶江湖吃过大亏,养成了敏感又卑微的性格,最善于卑躬屈膝,摇尾乞怜。我们每天回到家,其他狗儿一拥而上进行欢迎仪式时,它总是孤独地缩在一旁摇着尾巴,用幽怨的眼神说着:我在这里恭候你们呀!如果你没有立刻用眼神回答它,拎着大包小包就要脱鞋或是冲进客厅赶着接电话,它会冲到你身边,冷不防地用那干瘦似竹枝的冰冷爪子用力抓你一下,再用那委屈极了的神情看你一眼,此时你只用眼神回答是不够的,你还得摸摸它的头,温柔地说:"乖,对不起,我刚才没看到你!"否则它的尾巴会摇个不停,冰冷爪子还会冷不防地伸出来,绝不善罢甘休。

"警察"小姐如果心血来潮想演出戏弄宝玉先生的戏码,你就会看到宝玉一口吃掉它的吐司后,"警察"故意摆出一副受过教养的女性坐姿,腰从平日的懒散变成挺直,右前脚轻轻地搭在左脚上,像妇人画报中那种凝视空气的少妇,脚前则方方正正放着那片属于它的吐司,十几分钟一动也不动地在贾宝玉面前展示"我有你没有"的神气。不知此中意涵的宝玉,傻傻地绕到"警察"小姐身边,以"反正你不吃嘛"的表情试图把吐司抢过来。那一刻,"警察"摆

出来的教养立即消失,换上排练过的凶恶脸孔与眼神,嘴里不断发出高高低低的怒吼。你会听到起先也许是警告,接着也许是叫骂,总之,听在我们耳里,那是流浪者对贵族宣泄的由衷不满。

但是贵族少爷天真无邪,听不懂"警察"小姐话中有话,仍然在旁边与它殷勤对话。从开始的"你不吃吗?那给我吃"变成"吐司都潮了,还是给我吃算了",或"好啦好啦,别糟蹋了,就给我吃了吧,谢谢你啦",最后,变成"拜托啦,给我吃啦,求求你啦"……

如此"戏耍"了宝玉一阵子后,"警察"小姐有时慢慢吃掉它的吐司,让宝玉失望地坐在一旁看着。有时则会故作慈悲,真的把吐司"赏赐"给宝玉少爷。只见它猛摇尾巴,直说谢谢,一口吃下。

"贾宝玉呀!"

我又在心里叹息着:"你怎么可以为了一片吐司而毁了我对'贾宝玉'的印象呢?"

贾宝玉是《红楼梦》的男主角,《红楼梦》则是中国四大古典小说之一,问世至今两百多年,"红学"研究也成了世界各国汉学研究的显学,在中外许多大学设有专门课程。我不是红学专家,没有资格向孩子们阐释这部小说的精粹,但是作为一个读者,我由衷认为《红楼梦》是中国人的生活宝典,是一部任何时代都适用的百科全书,更提供我们在艺术、哲学与文学上的充沛养分。

在这部章回小说里,作者曹雪芹写尽金陵四大家族之首贾府的兴衰荣辱,除了叙述贾宝玉与林黛玉、薛宝钗等女子的情爱幻变,更有生动的诗词,考究的餐饮,药学养生,建筑与服饰形貌的描述等,细致呈现清朝极盛时期南京贵族生活的品位与颓废。全书更透过剧情的转折,融入佛学、道学、儒学等中国传统宗教与哲学思想,使人阅读起来对人生起伏有更深一层的省思。而那官场文化的虚伪复杂,经济体系的暗潮汹涌,好像也重现在两百多年后的金融风暴里。最近几年打开新闻,许多政经社会现象几乎都与《红楼梦》的情节遥相呼应。人在拥有权力后容易陷入贪婪,在得意忘形时往往种下灾难的种子,曹雪芹在《红楼梦》里述说的剧情,如今仍天天在晚上八点档的新闻里上演。

而且曹雪芹在字里行间描述的爱恨怨憎,哀伤与忏悔,贪婪与企图,涵盖了一切我们日常所见的人事物,全书四百多个角色,没有全然的好人,也没有极恶之人,都是一种永恒的,自然的普遍人性。我觉得现代男性要了解女人,最好能够详读《红楼梦》,从那十二金钗的桃李争春里,不同性格的女性会有什么心机,都可一目了然。

当然，读过《红楼梦》的人，每个人的解读与感受可能都不相同。在台湾，我钟爱的三位现代作家白先勇、蒋勋、马以工，都是读透了《红楼梦》，并用各自的方式让现代读者更亲近《红楼梦》，让年轻学生理解它的结构与技巧、哲学与美学。

此外，贾宝玉的青春之歌是那么烂漫无邪，和他固守儒家思想的上一代成了强烈的对比。随着年龄的增长，我每次翻读《红楼梦》都告诫自己：要常葆赤子之心，不要太被世故所感染，尤其不要变成《红楼梦》中那些伪善的、道貌岸然的上一代。

贾宝玉是出身于没落贵族世家的少爷，就当时世俗的封建社会标准，是个与当道价值观背离的叛逆少年。但他相貌出众，灵心慧质，有自己独特的人生观与生活品位。他认为人只有真假善恶美丑之分，不该有阶级贫富之别。他喜欢平等待人，尊重每一个人的个性，主张各人按照自己的意志自在地生活。在那个重男轻女的时代，《红楼梦》以他为主轴，透过他与大观园里众多女性的相处，深刻描绘不同年龄不同出身背景的女性，在生活的层层转折中如何展现生命智慧与进退美学。他与林黛玉的纯纯之爱，也已成为世间少有的爱情经典。白先勇说，"中国的女人是挖不完的宝藏"，他自己的名著《台北人》中的女人，经历了一九四九年国民党撤退来台的转折，在大时代的盛衰变迁里，同样展现了《红楼梦》里中国传统女性坚忍圆熟的生命智慧。当然其中也有女人像"警察"小姐那样，喜欢扮演戏弄富贵少爷的角色。

《红楼梦》里的贾宝玉，心地善良，自在潇洒，才气洋溢。我家的贾宝玉，也像他一样天真烂漫，潇洒活泼。不同的是，贾宝玉饱读诗书，从先人的文化结晶中汲取智慧，才气得以发挥，潇洒之余亦知礼数进退。我家宝玉为了一片面包受到"警察"小姐的戏弄，真的毁了贾宝玉在我心目中的形象，让我好伤心呀。然而，它没读过一天书，大字不识一个，生活的天地也不如大观园，哪知那些礼数进退呢？

想通这一点后，我终于渐渐释怀了。

中國歷史事件螺旋圖

最外圈（清朝晚期及以外）
- 鴉片戰爭
- 嘉道中衰
- 癸西之變
- 川楚教亂
- 平定苗疆
- 清朝晚期
- 平定廓爾喀
- 清越戰爭
- 林爽文事件
- 二次金川戰
- 大金川

第二圈
- 弘治中興
- 藤峽盜亂
- 鄖陽民變
- 汪直擅政
- 曹石之變
- 奪門之變
- 京師保衛戰
- 午門血案
- 土木之變
- 浙閩民變
- 麓川

第三圈（遼金夏 遼朝 / 南北朝）
- 邊建制
- 遼金夏 遼朝
- 崖山海戰
- 襄陽之戰
- 宋元戰爭
- 泉州市舶司
- 賈似道誤國
- 端平入洛
- 端平更化
- 史彌遠專權
- 嘉
- 阿保機建國
- 安史之亂
- 怛羅斯戰役
- 專任蕃將
- 李楊專權
- 募兵制
- 節度使
- 開元之治
- 太平公主
- 唐隆之變
- 重
- 文字
- 唐朝 中唐
- 蕭衍篡齊
- 永明之治
- 唐寅之起義
- 蕭道成篡宋
- 河南之戰
- 宋室內閧
- 元嘉之治
- 南北朝
- 五京制
- 藩鎮割據
- 大明曆
- 東吳
- 黃晧專權
- 姜維北伐
- 諸葛亮北伐
- 平定南中
- 夷陵之戰
- 劉
- 戰爭
- 鍾離之戰
- 浮山堰崩塌
- 夷陵之戰
- 魏滅蜀之戰
- 漢宛之戰
- 滅衛滿朝鮮
- 漢武帝幣制改革
- 馬邑之謀
- 漢
- 元顥入洛
- 孫權建國
- 呂壹專權
- 霍光輔政
- 巫蠱之禍
- 伊爾之戰
- 垂沙之戰
- 趙滅中山戰
- 宜
- 滅論論戰
- 合淝之戰
- 《鹽鐵論》
- 濟西之戰
- 齊滅宋之戰
- 崔慶之亂
- 春秋後期
- 弭兵之盟
- 欒
- 二宮之爭
- 外戚干政
- 昭宣中興
- 田單復國
- 晏嬰相齊
- 莊公小霸
- 攜王余臣
- 平
- 諸葛恪專權
- 王莽篡漢
- 完璧歸趙
- 子產相鄭
- 楚國稱王
- 之戰
- 新朝與玄漢
- 澠池之會
- 伍子胥奔吳
- 晉國分裂
- 縉專權
- 王莽改制
- 齊魏滅薛
- 王子朝之亂
- 共叔段之亂
- 寒浞奪位
- 后羿代夏
- 太
- 綠林赤眉起義
- 負荊請罪
- 雞父之戰
- 周鄭交惡
- 少康中興
- 五帝時期
- 神農氏
- 昆陽之戰
- 鄗鄒之戰
- 刺殺王僚
- 東門之戰
- 鳴條之戰
- 阪泉之戰
- 劉玄稱帝
- 莊蹻起事
- 鍾離之戰
- 繻葛之戰
- 商朝
- 黃帝
- 綠林軍
- 遠交近攻
- 柏舉之戰
- 北戎侵齊
- 商湯滅夏
- 蚩尤
- 劉盆子稱帝
- 華陽之戰
- 墮三都
- 曲沃滅翼
- 景亳之命
- 涿鹿之戰
- 三
- 赤眉軍
- 閼與之戰
- 檇李之戰
- 齊滅紀之戰
- 伊尹放太甲
- 倉頡造字
- 魏朝 東漢
- 陘城之戰
- 臥薪嘗膽
- 春秋中期
- 九世之亂
- 平定諸雄
- 戰國後期
- 黃池之會
- 管仲相齊
- 盤庚遷殷
- 武丁中興
- 牧
- 光武中興
- 戰國四公子
- 田恆弒君
- 長勺之戰
- 北杏之盟
- 齊桓公稱霸
- 九合諸侯
- 尊
- 交阯反叛
- 長平之戰
- 越滅吳
- 匈奴內訌
- 竊符救趙
- 徐州會盟
- 晉陽之戰
- 三家分晉
- 戰國前期
- 李悝變法
- 魏滅中山
- 三
- 佛教內傳
- 義不帝秦
- 起兵
- 明章之治
- 債台高築
- 秦朝
- 統一中國
- 自號皇帝
- 統一度量衡
- 書同文
- 劉淵舉兵
- 白虎觀會議
- 秦滅周
- 秦滅六國
- 李雄稱帝
- 班超再通西域
- 外戚宦官亂政
- 鄧氏稱制
- 薰錮之禍
- 西域長史府
- 漢
- 杜弢之亂
- 甘英使大秦
- 苦縣之戰
- 永嘉之亂
- 衣冠南渡
- 十六國紛立
- 三定江南
- 西晉滅亡
- 晉朝 東晉
- 司馬睿建國
- 祖逖北伐
- 王
- 北魏分裂
- 沙苑之役
- 邙山之戰
- 河橋之戰
- 玉璧之戰
- 北周武帝滅佛
- 晉
- 郭威滅漢
- 北周統一北方
- 尉遲迥之亂
- 隋朝
- 楊堅稱帝
- 三省六部
- 營
- 高平之戰
- 三武滅佛
- 陳橋兵變
- 五代十國 十國
- 夏
- 李元昊
- 頒制文字
- 劉龑稱帝
- 孟知祥稱帝
- 李昇稱帝
- 白藤江之戰
- 北漢建國
- 宋朝
- 宋夏戰爭
- 慶曆和議
- 遼夏戰爭
- 梁皇后
- 永樂城之戰
- 金夏同盟
- 任得敬
- 李安全
- 蒙夏戰爭
- 蒙滅西夏
- 西學東漸
- 利瑪竇
- 聖教三柱石
- 南京教案
- 崇禎曆書
- 明末三大案
- 梃擊案
- 紅丸案
- 移宮案
- 後金
- 薩爾滸之戰
- 奢安

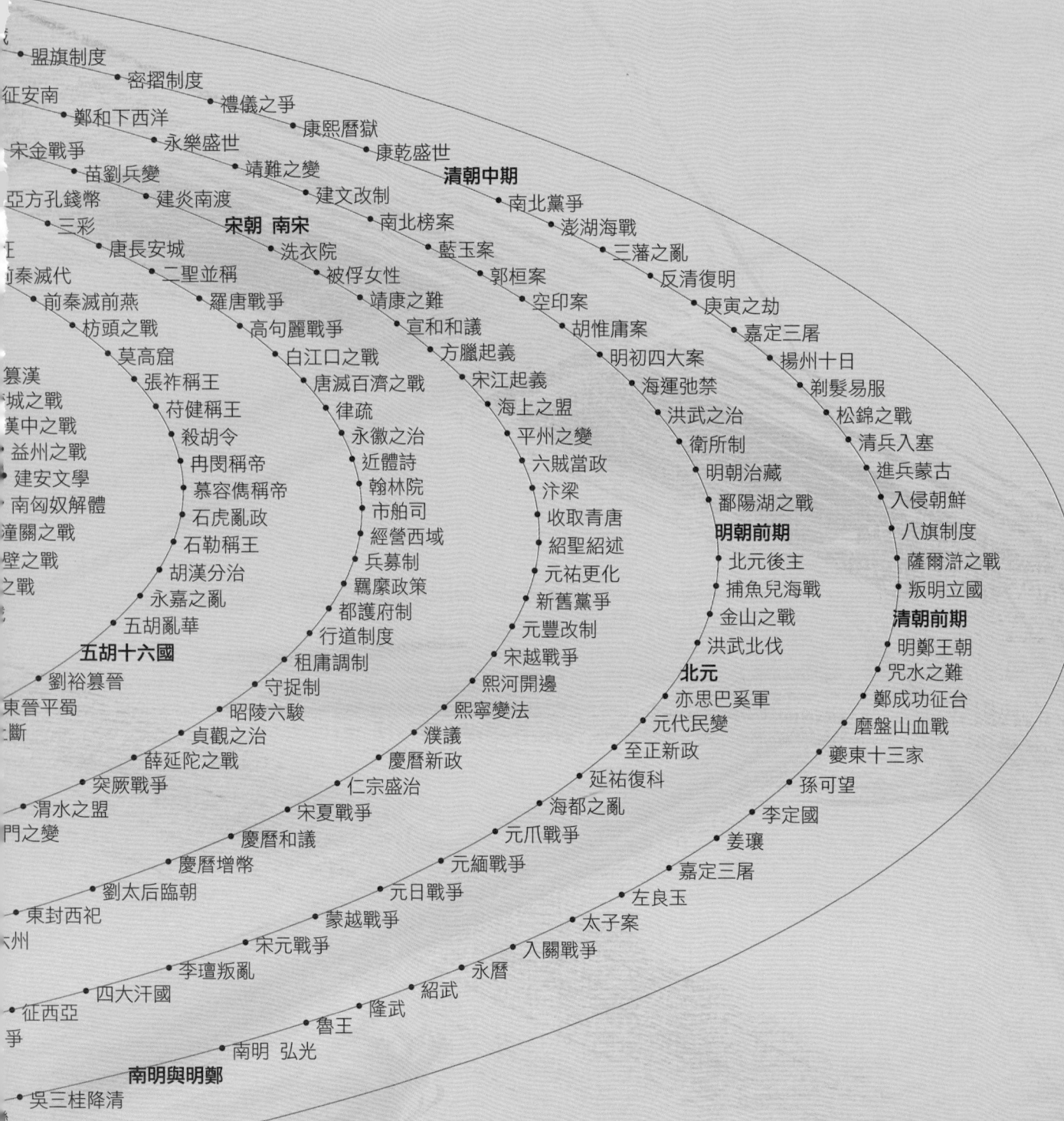

金川役 · 鎖國政策 · 大小和卓 · 平定準噶爾 · 乾隆帝南巡 · 十全武功 · 改土歸流 · 雅克薩戰役 · 火耗歸公 · 攤丁入地 · 清朝治藏
禮政 **明朝中期** · 宣宗廢后 · 仁宣之治 · 高煦叛亂 · 朱高熾監國 · 遷都北京 · 明成祖北伐 · 唐賽兒起義 · 貴州建制 · 統治安南
學派 · 程朱理學 · 開禧北伐 · 慶元黨禁 · 紹熙內禪 · 乾淳之治 · 隆興和議 · 隆興北伐 · 采石之戰 · 紹興和議 · 南
之亂 · 七河地區 · 三受降城 · 東突厥 · 武舉制 · 神龍革命 · 渤海國興起 · 契丹、奚之戰 · 武周之治 · 鄴城之戰 · 岳家軍
統一北方 · 參合陂之戰 · 劉裕北伐 · 赫連勃勃 · 慕容德稱王 · 後涼三分 · 後燕滅西燕 · 拓跋珪復國 · 武則天奪權 ·
司馬炎篡魏 · 魏滅蜀之戰 · 司馬昭弒君 · 壽春三叛 · 東興之戰 · 司馬氏專權 · 高平陵之變 · 慕容垂稱王 · 神都洛陽 **唐朝 盛唐**
通西域 · 漢武盛世 · 文景之治 · 七國之亂 · 諸呂之亂 · 呂后稱制 · 消滅異姓王 · 曹爽專權 · 姚萇舉兵 · 中
騎射 · 百家爭鳴 · 稷下學宮 · 齊秦互帝 · 爭奪九鼎 · 齊破燕 · 秦滅巴蜀 · 和親匈奴 · 提倡玄學 · 淝水之戰
分公室 · 湛阪之戰 · 晉悼公新政 · 鄢陵之戰 · 華元弭兵 · 函谷關之戰 · 白登之圍 · 魏滅燕之戰 · 呂光西征
期 · 犬戎之禍 · 烽火戲諸侯 · 宣王中興 · 蟲牢之盟 · 五國相王 · 郡國制 · 合肥之戰
邑氏 · 鈞台之享 · 共和行政 · 鞌之戰 · 合縱連橫 · **漢朝 西漢** · 九品中正制
氏 · 燧人取火 · 塗山之會 · 鯀禹治水 · 魯初稅畝 · 戰國中期 · 垓下之戰 · **曹魏**
· 伏羲八卦 · 厲王專利 · 鄢之戰 · 楚滅越 · 成皋之戰 · 曹丕
· 女媧補天 · **夏朝** · 夷王伐戎 · 若敖氏之亂 · 河西之戰 · 彭城之戰 · 樊
開天 · 禪讓政治 · 穆王西征 · 問鼎中原 · 徐州相王 · 暗渡陳倉 · 前
· 帝嚳 · 帝舜 · 昭王南征 · 趙盾主盟 · 馬陵之戰 · 鴻門宴
· 帝摯 · 帝堯 · 成康之治 · 秦霸西戎 · 桂陵之戰 · 約法三章
· 周公東征 · 殽之戰 · 商鞅變法 · 楚漢戰爭
· 三監之亂 · 踐土之盟 · **秦末 漢初**
· 周公輔政 · 城濮之戰 · 周分東西 · 鉅鹿之戰 · 赤
武王克殷 · 封邦建國 · 重耳流亡 · 大澤鄉起義 · 倉亭
· 召陵之盟 · 假道伐虢 · 泓水之戰 · 韓滅鄭 · 秦末農民戰爭 · 官渡之戰
衛 · 葵丘之會 · 濁澤之戰 · 望夷宮之變 · 易京之戰
變法 · 陰晉之戰 · 田氏代齊 · 棘蒲之戰 · 趙高專政 · 袁術稱帝 · 群雄爭徐州
· 戰國七雄 · 泗上十二諸侯 · 沙丘之變 · 募民屯田 · 義熙土
道 · 焚書坑儒 · 阿房宮 · 驪山陵 · 北擊匈奴 · 萬里長城 · 挾天子以令諸侯 · 劉裕北伐
· 秦始皇東巡 · 孫策渡江 · 桓玄稱帝
戰爭 · 鮮卑興起 **三國 漢末** · 黃巾起義 · 董卓討伐戰 · 群雄割據 · 涼州軍劫天子 · 盧循、孫恩起義 · 玄武
· 淝水之戰 · 王恭叛亂 · 武德律
· 北府兵建立 · 統一戰爭
舉兵 · 褚裒北伐 · 殷浩北伐 · 桓溫北伐 · 謝萬北伐 · 庚戌土斷 · 武德之治
唐朝 初唐 · 晉陽起兵 · 割夏靈
之戰 · 統一南北 · 開皇之治 · 楊廣奪位 · 開鑿大運河 · 三征高句麗 · 隋末民變 · 澶淵之盟
· 唐宋變革 · 禁榷 · 咸平之治
釋兵權 · 交趾獨立 · 北宋統一戰爭 · 金匱之盟 · 燭影斧聲 · 宋遼戰爭 · 南征交趾 · 高麗蒙古
· 西征歐洲 · 昭慈皇后 · 欽淑皇后
大蒙古國 · 蒙古統一 · 攻西遼 · 花剌子模 · 蒙夏戰爭 · 蒙金戰爭 · 窩闊台攻宋之戰 · 甲申之變
· 張獻忠起義 · 李自成起義
儒民變 · 魏忠賢擅政 · 王恭廠災 · 崇禎治亂 · 己巳之變 · 吳橋兵變 · 明末民變 · 王二起義

清圣祖
康熙皇帝

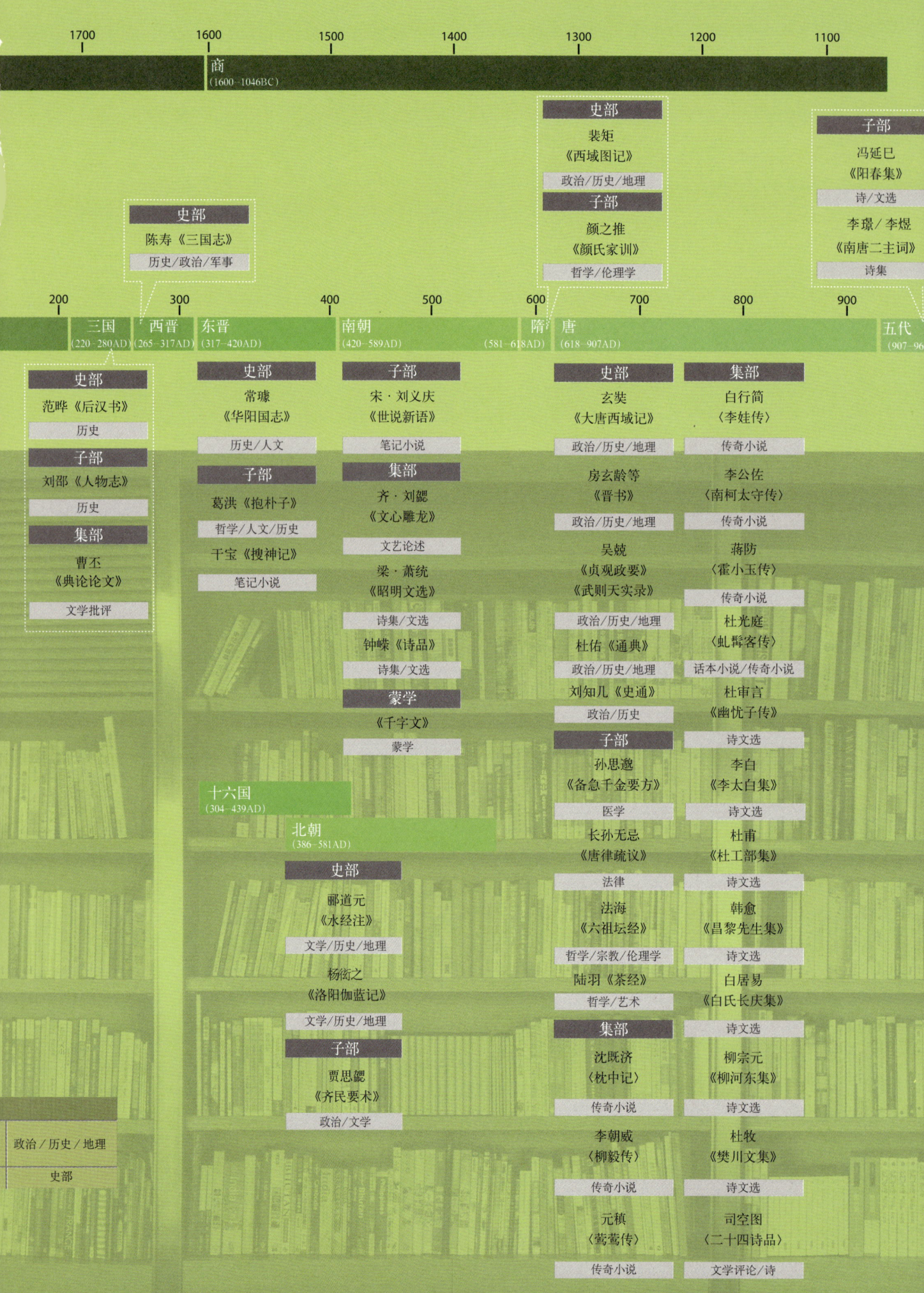

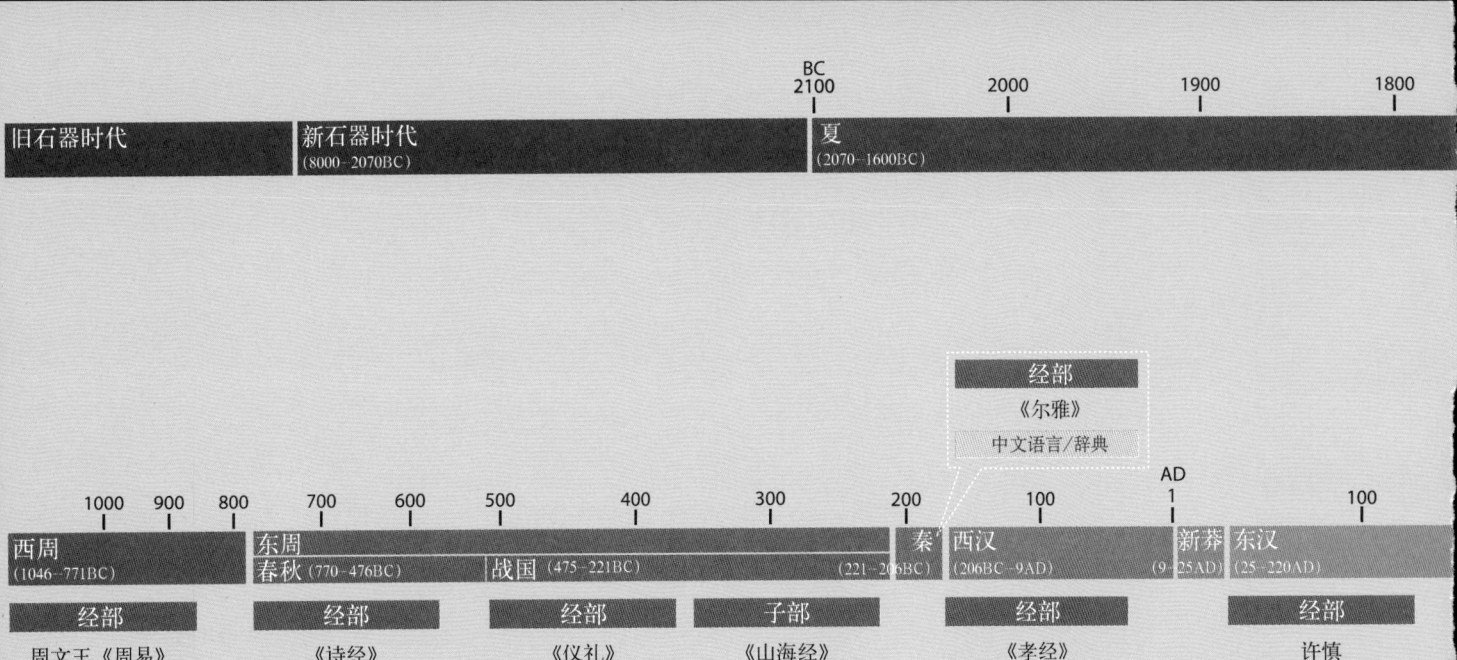

| BC 2100 | 2000 | 1900 | 1800 |

| 旧石器时代 | 新石器时代 (8000–2070BC) | 夏 (2070–1600BC) |

经部
《尔雅》
中文语言/辞典

| 1000 | 900 | 800 | 700 | 600 | 500 | 400 | 300 | 200 | 100 | AD 1 | 100 |

| 西周 (1046–771BC) | 东周 春秋 (770–476BC) | 战国 (475–221BC) | 秦 (221–206BC) | 西汉 (206BC–9AD) | 新莽 (9–25AD) | 东汉 (25–220AD) |

西周

经部
周文王《周易》
哲学/宗教/伦理学

《尚书》
政治/历史/地理

《周礼》
政治/历史/官制

史部
《竹书纪年》
政治/历史/地理

子部
《周王游行》
历史/地理

春秋

经部
《诗经》
诗集/文选

《论语》
哲学/宗教/伦理学

《春秋》
政治/历史/地理

《左传》
《公羊传》
《谷梁传》
政治/历史/地理

子部
《道德经》
哲学/宗教/伦理学

《管子》
哲学/历史

《孙子兵法》
政治/历史/地理

战国

经部
《仪礼》
政治

《礼记》
政治

《孟子》
政治

史部
《国语》
历史/政治/经济

《战国策》
历史

（子部，战国）

子部
《山海经》
地理/历史/神话

《黄帝内经》
医学

《墨子》
哲学

《公孙龙子》
哲学

《庄子》
哲学

《荀子》
哲学/宗教/伦理学

《韩非子》
哲学/政治

《吕氏春秋》
哲学/宗教

集部
《楚辞》
诗集/文选

西汉

经部
《孝经》
哲学/宗教/政治

史部
刘向《列女传》
政治/历史/地理

司马迁《史记》
政治/历史/地理

扬雄
《法言》《太玄》
哲学/文学

子部
刘安《淮南子》
哲学/宗教/伦理学

董仲舒
《春秋繁露》
哲学/宗教/伦理学

刘向《说苑》
哲学/宗教/历史

《难经》
医学

桓宽《盐铁论》
政治/经济

东汉

经部
许慎
《说文解字》
中文语言/辞典

史部
班固
《白虎通义》
《汉书》
历史

子部
张仲景
《伤寒杂病论》
医学

王充《论衡》
哲学/文学

应劭
《风俗通义》
哲学/风俗

《九章算术》
科学/数学

《神农本草》
医学/生活

■《 》为专书；〈 〉为单篇作品

文学 / 小说								其他				
文学小说	话本小说/传奇小说	文艺论述	诗集/文选	类书/百科全书	历史/人物小说	蒙学	中文语言/辞典	考古	法律	哲学/宗教/伦理学
武侠小说	章回小说	笔记小说	神魔小说	散文/随笔/杂著			医学	科学	建筑	
集部					子部	史部	子部			经/子部

中国人的出版

清 (1616–1911AD)

经部
- 《康熙字典》 — 中文语言/辞典
- 马礼逊《圣经》中文译本 — 宗教/哲学

史部
- 万斯同《明史稿》 — 政治/历史/地理
- 《清史稿》 — 政治/历史/地理
- 《清史》 — 政治/历史/地理
- 章学诚《文史通义》 — 历史/文学

子部
- 《四库全书》 — 类书/百科全书
- 《古今图书集成》 — 类书/历史/艺术
- 刘鹗《铁云藏龟》 — 考古/文学
- 余怀《板桥杂记》 — 散文/随笔/杂著
- 纪昀《阅微草堂笔记》 — 散文/随笔/杂著

集部
- 顾炎武《日知录》 — 文学/杂著
- 黄宗羲《明夷待访录》 — 哲学/文学
- 钱彩《说岳全传》 — 章回小说/历史/文学
- 佚名《说呼全传》 — 章回小说

集部
- 曹雪芹《红楼梦》 — 章回小说
- 文康《儿女英雄传》 — 章回小说
- 吴敬梓《儒林外史》 — 章回小说/文学
- 蒲松龄《聊斋志异》 — 文学/古典小说
- 刘鹗《老残游记》 — 文学/古典小说
- 李汝珍《镜花缘》 — 章回小说
- 韩邦庆《海上花列传》 — 章回小说/文学
- 石玉昆《七侠五义》 — 章回小说/文学
- 李宝嘉《官场现形记》 — 章回小说/文学
- 吴趼人《二十年目睹之怪现状》 — 章回小说/文学
- 曾朴《孽海花》 — 章回小说/文学
- 刘大魁《论文偶记》 — 散文/随笔/杂著
- 王国维《人间词话》 — 散文/随笔/杂著
- 褚人获《隋唐演义》 — 历史/人物小说
- 李渔《闲情偶寄》 — 散文/随笔/杂著
- 蔡元放《东周列国志》 — 章回小说

(1911–)

经部
- 蒋伯潜《十三经概论》 — 国图：经学通论
- 钱穆《四书释义》 — 国图：群经注疏
- 屈万里《诗经释义》 — 国图：群经注疏

史部
- 胡适《中国哲学史大纲》 — 国图：哲学史
- 金毓黻《中国史学史》 — 国图：中国史学史
- 钱穆《中国近三百年学术史》 — 国图：中国思想学术
- 连横《台湾通史》 — 国图：台湾研究丛书

子部
- 徐复观《儒家政治思想与民主自由人权》 — 国图：儒学
- 牟宗三《心体与性体》《中国哲学十九讲》 — 国图：中国哲学
- 熊十力《新唯识论》 — 国图：现代哲学
- 劳思光《中国哲学史》 — 国图：哲学史

集部
- 唐醒、袁周洁民译《荒漠甘泉》 — 国图：基督徒的经验操练生活

集部
- 郁达夫《沉沦》 — 国图：短篇小说别集
- 鲁迅《呐喊》《彷徨》 — 国图：短篇小说别集
- 台静农《地之子》《建塔者》 — 国图：短篇小说别集
- 赖和《一杆秤仔仔》 — 国图：中国文学
- 冰心《寄小读者》 — 国图：散文
- 丁玲《莎菲女士的日记》 — 国图：短篇小说
- 丁玲《太阳照在桑干河上》 — 国图：长篇小说
- 张恨水《春明外史》《啼笑姻缘》 — 国图：长篇小说
- 朱自清《背影》 — 国图：散文
- 朱自清《经典常谈》 — 国图：古籍读法及研究
- 苏雪林《绿天》 — 国图：短篇小说别集
- 苏雪林《棘心》 — 国图：长篇小说
- 杨逵《送报夫》 — 国图：长篇小说
- 茅盾《子夜》 — 国图：长篇小说
- 茅盾《林家铺子》 — 国图：短篇小说

集部
- 沈从文《边城》 — 国图：长篇小说
- 巴金《家》《寒夜》 — 国图：长篇小说
- 谢冰莹《一个女兵的自传》 — 国图：中国现代人物传记
- 老舍《骆驼祥子》 — 国图：长篇小说
- 林语堂《京华烟云》 — 国图：长篇小说
- 萧红《呼兰河传》 — 国图：长篇小说
- 张爱玲《传奇》 — 国图：中国文学总论
- 张爱玲《半生缘》 — 国图：短篇小说别集
- 徐訏《风萧萧》 — 国图：长篇小说
- 吴浊流《亚细亚的孤儿》 — 国图：长篇小说
- 钱锺书《围城》 — 国图：长篇小说
- 钱锺书《人·兽·鬼》 — 国图：短篇小说别集
- 梁实秋《雅舍小品》 — 国图：散文随笔
- 梁实秋《槐园梦忆》 — 国图：中国现代人物传记

集部
- 王蓝《蓝与黑》 — 国图：长篇小说
- 金庸《射雕英雄传》《天龙八部》 — 国图：武侠小说
- 林海音《城南旧事》 — 国图：长篇小说
- 余光中《左手的缪思》 — 国图：散文随笔
- 余光中《白玉苦瓜》 — 国图：中国诗别集
- 纪刚《滚滚辽河》 — 国图：长篇小说
- 白先勇《台北人》 — 国图：短篇小说别集
- 白先勇《孽子》 — 国图：长篇小说
- 黄春明《锣》《看海的日子》 — 国图：短篇小说别集
- 陈映真《第一件差事》《夜行货车》 — 国图：短篇小说别集
- 聂华苓《桑青与桃红》
- 高阳《红顶商人》 — 国图：长篇小说

集部
- 南怀瑾《论语别裁》 — 国图：儒学论语
- 南怀瑾《如何修证佛法》 — 国图：佛教教理各论
- 南怀瑾《老子他说》 — 国图：先秦哲学道家
- 钟肇政《浊流三部曲》 — 国图：长篇小说
- 汪曾祺《汪曾祺短篇小说选》 — 国图：短篇小说别集
- 陆文夫《美食家》 — 国图：短篇小说
- 释证严《证严法师静思语》 — 国图：佛教布教及信仰生活
- 释圣严《正信的佛教》 — 国图：佛教布教及信仰生活

齐家心语

| 1000 | 1100 | 1200 | 1300 | 1400 | 1500 | 1600 |

北宋 (960–1127AD)

经部
陈彭年《广韵》
中文语言/辞典/音韵学

史部
司马光《资治通鉴》
政治/历史/地理

欧阳修《新唐书》
政治/历史

薛居正《旧五代史》
政治/历史

曾公亮《武经总要》
军事/政治

子部
唐慎微《经史证类备急本草》
医学

沈括《梦溪笔谈》
百科年鉴/史地

李诫《营造法式》
建筑/人文

张载《正蒙》
文学/哲学

程颢/程颐《二程遗书》
文学/哲学

周敦颐《太极图说》
文学/哲学

李昉《太平广记》
文学/哲学

集部
欧阳修《欧阳文忠公全集》
文选/文学

曾巩《元丰类稿》
文选/文学

苏轼《东坡全集》
文选/文学

李清照《漱玉集》
文选/文学

陆游《陆放翁全集》
文选/文学

辛弃疾《稼轩长短句》
文选/文学

文天祥《文文山全集》
文选/文学

蒙学
王应麟《三字经》
蒙学

南宋 (1127–1279AD)

史部
孟元老《东京梦华录》
政治/历史/文学

子部
朱熹《近思录》
哲学/文学

朱熹《朱子语类》
哲学/文学

朱熹《四书章句集注》
哲学/文学

集部
《京本通俗小说》
话本小说/文学

《大宋宣和遗事》
话本小说

元 (1206–1368AD)

经部
黄公绍《古今韵会》
中文语言/辞典

史部
扎马剌丁《大元大一统志》
政治/历史/地理

汪大渊《岛夷志略》
政治/历史/地理

子部
宋慈《洗冤录》
医学/法律

朱世杰《四元玉鉴》
科学

集部
关汉卿《窦娥冤》《救风尘》
戏曲/文学

白朴《梧桐雨》《墙头马上》
戏曲/文学

马致远《汉宫秋》
戏曲/文学

王实甫《西厢记》
戏曲/文学

蒙学
郭居敬《二十四孝》
蒙学

明 (1368–1644AD)

史部
顾炎武《天下郡国利病书》
政治/历史/地理

黄宗羲《明夷待访录》
政治/历史/地理

子部
《永乐大典》
类书/百科全书

李时珍《本草纲目》
医学

徐光启《几何原本》中译本
科学/人文

文震亨《长物志》
建筑/艺术

宋应星《天工开物》
科学/历史/艺术

徐光启《农政全书》
科学/农业

王阳明《传习录》
哲学/文学

集部
李贽《焚书》
哲学/文学

汤显祖《牡丹亭》
戏曲/文学

王世贞《艺苑卮言》《弇州山人四部稿》
文艺论述

集部
董其昌《容台集》《画禅室随笔》
文艺论述

吴承恩《西游记》
章回小说/文学

兰陵笑笑生《金瓶梅》
章回小说/文学

许仲琳《封神演义》
章回小说

施耐庵《水浒》
文学/古典小说

冯梦龙《醒世恒言》《喻世明言》《警世通言》
短篇小说

凌濛初《初刻拍案惊奇》《二刻拍案惊奇》
短篇小说

西周生《醒世姻缘传》
章回小说/文学

抱瓮老人《今古奇观》
文学/话本小说

刘基《郁离子》
诗文选

王士祯《渔洋诗话》
诗文选

安遥时《包公传》
历史/人物小说

蒙学
程允升《幼学琼林》
蒙学/文学论集

慧修
福双

般

仁喜家有个流传三代的故事。

这故事是跟佛菩萨有关的。

仁喜的阿嬷，年轻时连生了四个女儿，深恐无后为大，就对仁喜的阿公说："请你娶妾吧！我生不出儿子。"——那年阿公已三十七岁了。但是阿公安慰她，听说浙江普陀山的观世音菩萨很灵验，他想由台湾坐船去普陀山求观世音菩萨。不久之后，十月下旬，他真的千里迢迢去了普陀山。过了五年，阿嬷生了第五个女儿，四十二岁的阿公再次前往普陀山，但回来后仍然没有喜讯。阿嬷哭泣地请他放弃她，阿公还是坚决不肯放弃。又过了五年，四十七岁的阿公三度前往普陀山，依例在洞窟深处低头长跪，虔诚地求菩萨赐给他儿子。过了一个多小时，他抬起头来，忽见一身白衣的观世音菩萨，垂着眉张着双手站在他前方，他于是又低下头继续诚心地恳求……那次回到台湾两年之后，阿公四十九岁时阿嬷生了第一个儿子，然后阿公五十一岁、五十三岁时又生了两个儿子。有了三个儿子的阿公自是满心欣慰，对佛教的信奉也更虔诚了。

阿公在桃园的家有很大的庭园，他对自己与家用都很省俭，却时常行善助人，对寺庙或救贫的捐款，尤其是不遗余力。他还曾经请一位专门讲善故事的人到家里住，晚上在庭园里讲古给乡亲听，内容多半是与佛祖有关的事迹与教人行善的故事。

阿公活到八十八岁，弥留之际突然大声地对站在床边的孩子们说："佛祖来接我了！你们还不快跪下！"说完了这句话，他即往生而去。

仁喜的父亲是阿公的第二个儿子，他很喜欢对儿女说阿公阿嬷的故事，"你们都是佛祖所赐的孩子！"最后他总是这么说。仁喜虔信佛教，跟家庭信仰也许有直接的关系。

人对于宗教信仰，大多来自家庭的传统，或者来自朋友的影响，也有些人则是在情感受挫或心灵困惑时，自我寻求精神的依托，在宗教里获得身心安顿的天地。

我在受教育的过程中，常听师长说，做学生不只是要学习知识，更要学习理性，强化意志，将来才能克服各种生存的难关。但是人身是血肉之躯，人世有各种艰难挑战，有时难免觉得脆弱无助，希望获得某种趋吉避凶的宗教力量，借以沉潜心灵，安身立命。

我所生长的台湾，宗教信仰经历了三百多年的融合，具有极大的包容性。不论是东方的儒教、道教、佛教、一贯道，或是来自西方的基督教、天主教、伊斯兰教，现在都渐渐地跟我们的生活结合在一起，其教义、仪式、组织不但具有潜移默化、凝聚共识的力量，甚至产生了命运一体的观念。尤其是道教和佛教在各地庙宇举办的各种庙会与节庆活动，反映了老百姓敬天、感恩、祈求平安的生活意愿，也成为热闹活络、别具地方特色的民俗文化。

台湾的大小庙宇多不胜数，连小巷子里都有香火不绝的佛堂，但一般人往往难以分辨这其中的差别。女儿上美国的大学后，写信告诉我，她的教授问她我们的宗教的一些问题，她才发现，每天走在街道上，到处都是庙，却从来不知道其间的差别。我想不只是她，我自己也从没有机会去研究过，趁此机会，查了点资料，做简单的说明。

道教

台湾的道教庙宇，正式登记的约有七千五百座，通称"宫"或"观"或"庙"，主要是供奉天上圣母（妈祖）、玄天上帝（真武大帝）和关圣帝君（关羽）。其中以妈祖的信徒最多，全台约有五百多座妈祖庙，其次是供奉玄天上帝的庙宇（四百余座），供奉关圣帝君的庙宇（三百余座）。

道教自东汉中后期形成，是历史最悠久、包容性最丰富的中国原生宗教，供奉的神明、仙灵、长生不老的圣者，均依其法力及神格的层级分类："天尊"为上，之下依次为"帝""后""王""仙""圣"。这些神仙，包括了史前时代大自然的神灵，以至中国历史上的贤者哲人、民间英雄、其他宗教的神祇、开创道教宗派的神格化祖师。台湾的道教信仰，除了最有名的妈祖、玄天上帝、关圣帝君之外，还有王爷、玉皇大帝、保生大帝、福德正神、城隍爷、文昌帝君、文武财神、注生娘娘等。

道教也是最富神秘色彩的宗教，中国古代的道教甚至修习炼丹，追求长生不老之术。现代道教也仍延续古代的巫术传统，修习扶乩之法，试图与逝去的亡灵对话、祈福或和解。信徒在道教寺庙里向神明求得的护身符，有保佑祝福之意，也可带来生活的幸福、健康、成功。而具有驱邪镇煞之效的收惊仪式，巡街走巷绕境保平安的八家将表演，以及一年一度的大甲妈祖回娘家，元宵节盐水放蜂炮，中元节各港埠放水灯等，都是我们常见的。此外台湾的传统祭典，如每三年一次南台湾送瘟出境的王船祭醮，这些都已跨越了宗教，成了与台湾庶民生活息息相关的文化活动。

道家

道教的思想，源自于道家，道家的修行则以老子、庄子为代表的先秦哲学系统为主，"人法地，地法天，天法道，道法自然"是道家修行的核心。道家的修行之一，乃养身练气，让生命回复到最初的状态，故有长生不老之说。

佛教

台湾的佛教"寺"或"庙"或"庵"（庵是专指佛教比丘尼居住的处所）或"刹"，正式登记的约有两千所，供奉的是佛、菩萨、罗汉与护法天神，供奉方式也各有不同。举一例，如三世佛的中间是释迦牟尼佛（现在娑婆世界的佛），左边是药师琉璃光如来（过去东方净琉璃世界的药师佛），右边是阿弥陀佛（未来西方极乐世界的阿弥陀佛）；也有中间供奉释迦牟尼佛，左胁侍为文殊菩萨，右胁侍为普贤菩萨，合称"释迦三尊"。而"三世"也有另外一个解释，也就是"三时"，指的是过去、现在、未来。在不同的经典有不一样的解释。

佛教寺庙中常见的菩萨，有文殊菩萨、普贤菩萨、观世音菩萨、地藏菩萨、大势至菩萨。菩萨极富慈悲胸怀与智慧，发愿协助凡间受苦的苍生，菩萨之道也被定义为慈悲心和智慧的融合，两者融合的极致便会引导人至觉悟之境。中国人有谓"家家阿弥陀，人人观世音"。观音超越男女之相，也具足诸相。众生需要他以什么形象来度化，他就以什么形象显现。然而在中国民间，最受欢迎的就是观音"女性"的形象或手持甘露，或抱着小孩的送子观音，还有千手千眼观音。密宗则为了教化众生，除了祥和尊外，还有显现愤怒之相，手持各种法器，以消除一切业障、降伏内外魔障的愤怒尊或是明王；罗汉则有十六罗汉、十八罗汉和五百罗汉。民间传说的济公，也列在罗汉之中。护法天神，佛教称之为"天"，是护持佛法的天神。著名的护法天神有四大天王、韦陀、哼哈二将（密迹金刚）、伽蓝神关羽等。

释迦牟尼佛是透过对真理锲而不舍的追逐而了悟世间真相。其教义也是所有宗教中唯一讨论"缘起""心""空性""证悟"与"无神论"的，也因此成为世界上独特的哲学思维模式，跟科学的对话也越来越频繁。虽然在外相、形式、文化上，修密宗、禅宗、净土宗……似乎迥然不同，但实际上所谓的差异，是在于理论上的着重点与修行的方法上，对于各种根器不一样的学生，佛法有其不一样的教化的方法，这也是有名的"八万四千法门"之说。一切佛教的仪式都是一种善巧帮助的工具，除了祈求平安以外，最大目的在于唤醒人们的内在智慧和慈悲，明了世俗谛与胜义谛，证悟究竟。但人们总迷于外在的形式，忽略了仪式真正蕴含的深层意义。因不解其中意义，这一切看在人们的眼里，反而会将佛教误解为迷信的宗教。任何宗教都需要有好的导师带领，不可盲从，这一点自己需要分辨。先把自己的福慧功夫做足了，好的因缘、好的老师是会出现在面前的。多读原始的经典，可以明白很多的义理。如同你去读《古兰经》，经文上不至于叫你极端地去做伤害无辜的条例，所以佛陀说"依法不依人"，是很重要的态度，也是后人当依循的。

佛教的"因果""无常""轮回"及"业力"的观念，深深影响着信徒。所以中国人对于"善有善报、恶有恶报"深信不疑，而佛教也特别重视"诸恶莫作，众善奉行"的教育。常言

"积善之家必有余庆",累积善德是开启善门的第一步,所以留给自己与儿女最好的财产不是金钱,而是善心善行的德行。为人父母可以帮孩子们开一本福德存折,从孩子小时候就教导他们往里面存功德,可以从拯救一只蚂蚁到各种有形无形的布施,这个"功德基金",将会以平方、立方的方式成长,这个基金,绝对是孩子们一生最重要的积蓄。佛法常用"福慧双修"四个字,因为当福德与智慧俱足时,一切成就的因缘也将出现。

中国人也常常送给别人"福慧双修"这四个字。有别于其他的祝福语,这四个字有一个动词,就是"修"字,代表福德与智慧是需要"修习"与"积累"的,是一门需要具体实践的功课。台湾的慈济、法鼓山、佛光山、中台禅寺等佛教组织,数十年来持续地带领上千万的信众,借由布施、持戒、忍辱、禅定、精进、智慧等方式,修习生命的福德与智慧。很多为了现代人设计的禅三、禅七等的活动,要学生们抛开一切外相的身份、地位等,让自己净空,从静中去观,认知佛陀所教导的道理;此外也有各种的环保或是救助的活动,让有心奉献的人们有秩序地加入善行的行列。国学大师南怀瑾教授,精通儒、释、道教,把中国的宗教传承给无数无法直接了解经典教义的学生们,加上他一生致力于古文化的推动,著作影响深远,受惠学子无数,他是开启很多人在宗教与文化传承的伟大导师。

在台湾,如基督教、天主教、伊斯兰教等,也都努力教导并宣扬善的真理,这些都是人生修习的课程。每个家庭,都该有所信仰,家长们可以鼓励孩子们接触各类宗教仪式,不要怪力乱神,但应当引领孩子们走向信仰的道路。因为宗教能够带给我们的,是在这个极度竞争、价值无序、欲求生存的生活下,或者说这个精神压力几近崩溃的环境下,没有准则的世间乱象中,提供一个心灵的成长、锻炼、抚慰更甚是医疗的良方,也让我们有超越狭隘自我的可能,同时还带来了丰富的社交的律动与文化生活,而最重要的是鼓励着我们在"福慧双修"这门人生课程上,不断地修习与精进。

"琴书自适,福慧双修"这一对句子,是已故台北故宫博物院院长秦孝仪先生以其著名的"秦体"书法,赠送给本书作者的,作者则将"福慧双修"四个字重组,并用银块切割成形,做成了饰品。

蓝楠香方

我们中国人，除非有特殊的西方宗教信仰，否则大部分的人都拿过香。以前家家都有香炉，现在则变成是玩家的收藏品了。照片中的香粉炉，如意的外炉形状，香粉压成凸起的图腾图案，点燃后会顺着图腾线条方向慢慢燃烧，盖上盖子，香烟则顺着盖上的吉祥句子走，透过盖子上的图腾，好像会说话一样，产生出不可预期的线条，娓娓念出了这款香炉上"延年益寿富贵吉祥平安长乐宜室宜家"。古人好聪明，这是多么喜气的燃香法呀！我有一个朋友喜欢写书法，她每天必燃香一炷，静静地看着烟的走向，她则自其中，临摹那烟的转折线条，长久下来，她的字当然有一种脱俗的意境了。

这是一个形状为如意的香炉，下层放着印出粉末香可成字形的压模，中层则把粉末香铺好，把压模压下，让不间断的文字串凸起。点燃香粉后，香烟则可顺着文字串跑，再把刻印着一样字串最上层的盖子盖上后，一缕烟便从字中跑出来。

中国最早一本记录生活礼仪的史书《尚书》，记载上古时的祭典仪式即有"至治馨香，感于神明"之句。经过五千多年，现代人的生活更加忙碌复杂，依然保有尊敬祖先神明的美德，每天还是有人心香一瓣地点起一炷香，在家祭拜祖先或在庙宇祭拜神明，祈求他们广布福泽，庇佑生活平安。

香的功能不止于祭拜。例如熏香疗法，可以使人心神安宁；又如蚊香，可以驱虫蚊。我家有棵百年香楠木，听说可以做香，但是一直没有利用它。最近两年学种菜，自己做了两洼回收槽，想以厨余和树皮混合制造腐殖土。可是每次打开回收槽的盖子，蚊蝇扑面而出，又不想伤害它们，就想以烟熏法驱离，于是想到了我家香楠木。

这棵香楠木，每年台风季节总会断落许多树枝，形状好的我拿去做花艺材料，残桠细枝舍不得丢，就堆在工作室旁，干了以后散发出阵阵微香。我想利用这些残枝，就到网站买了一个二手的中药切片机，把枝丫都切成碎片，然后放入中药磨粉机研磨成粉，再加入我种的各式辣椒，配以花椒子、胡椒粉。混合之后开始焚烧，辛辣的烟熏得我连打几个喷嚏，流了不少眼泪鼻涕，蚊虫也果然销声匿迹了。既然这样有效，我试着将之放到我种的蔬菜下，效果也一样神哩。

土法"炼钢"成功，确实让我很兴奋，遗憾的是效力无法持久。研磨粉末必须耗费大量人力，燃烧粉末时也得在旁不时翻搅，火苗才不至于熄灭并均匀燃烧，整个过程实在太费人工和时间。如果把粉末制成香，不就可以节省很多时间吗？这样一想，我就进一步想了解制香这个学问。

根据史书记载，中国的香是黄帝的老师"九天玄女"所发明，制香业者尊称她"香妈"，奉她为守护神。据说她发明香的灵感，来自父亲患了重病昏迷，无法服药，为了医治父亲的病，她突发奇想把中药磨成粉末，和以糯米与水做成条状，晒干后以火点燃，让烟雾药气慢慢弥漫于父亲的房间。通过这样的方式，她父亲真的渐渐病愈了。现在流行的熏香疗法，不也是这个道理吗？

为了研究制香，我带着我家香楠木的残桠细枝和红酒到桃园一家老制香厂请教高明。王老板带我看他制香的木材，每一棵都大有来头，像我一样高度的沉香木或檀香木，一棵动辄上百万，我的香楠树枝实在不能相比。王老板的制香厂，从香脚到打底都是纯手工，展香更要大手劲地抡纸扇，必须经过四五次再抖再晒的程序，相当耗费人力和时间。看着硕果仅存的老师傅费力地忙着制香，想到人家做香是供给众生向神明祈福，我做香却是为了驱离虫蚊，也就不好意思把香楠树枝拿出来献丑。

王老板说，香的需求量很大，只是会做的人越来越少，而机器能代替的有限，所以价码节节攀升。一般的制香厂大多设在寺庙旁边，要去拜拜的人通常都会买同一家的香去拜同一个庙的神明。他还说，有一天午睡时，梦到神明告诉他一帖制香的配方，醒来后记下配方，然后开始制作。很多制香的人据说都会做类似这样的梦。这也是为什么求神问卜后拿香灰回家吃会有效，"因为那是神明专利的中药配方呀！"他说。

不过现在有些做香的厂商没那么有良心，在偷工减料的制香过程中添加火药、硝、石灰，以助燃烧，这样会产生致癌的化学物质，真是伤天害理。王老板说，如果点香后满屋子烟，或用手摸香上的灰会烫手，那一定是加了火药或其他化学助燃物。也因此，香的价钱相差很大，购买时一定要多加留意。

这趟桃园行，楠香计划虽没实现，却增长不少见识，对于香的制作有了更进一步的了解。

然而我对楠香计划仍然有着梦想。不久之后，听说我的朋友黄溪义先生申请了一个做香的专利，用的材料是昂贵的竹炭。我兴致高昂地请他拿我的宝贝树枝来做实验，他勉为其难地答应了，我的楠香计划终于开发成功。这款糅合了我的梦想的香，材料除了我家香楠木，另外加入惠安水沉、豆蔻、砂仁、丁香、红花、天竺黄、竹炭萃取液，然后遵循古法，以天然树汁黏液精制而成。

为了使用这款香气清淡的楠香，我特别设计了以竹片做把手的香盘，让它不只可以在家里或佛堂点燃，也可以提着放到不同的角落使用。

我家香楠木，每逢春夏之间都有台湾蓝鹊来树顶筑巢育子，演出几出动人的生命乐章，因而我把此香命名为"蓝楠香方"。本着珍惜天地万物，尊重生命自然法则的胸怀，我想与更多的朋友分享我与蓝鹊及楠木的人间情缘。"蓝楠香袅袅，既馨且逸远"，闻着淡淡缭绕的"蓝楠香方"，心中一片沉静，我暂时忘却了原本的"虫虫香计划"。

观众礼节

请穿着比平时更正式的衣服，以示隆重

不可妨碍别人的视线

不可发出声音影响旁人

扰到他人的行为

大叫、大喊

不尊重别人的时间

塑料袋发出声音，打鼾

旁若无人地打电话

该回避的动作

挖鼻孔

打哈欠

抠脚

剔牙

夹到嘴里，不要大口咬

吃东西不讲话；吃东西不出声；不要用筷子指东西；学习国际拿餐具礼节

基本礼仪

从自己有好礼仪开始去影响别人

面带微笑

拥有诚心待人接物

不要穿睡衣上街

轻声细语

热心帮助别人

难看的样子

吃饱后人前摸搓肚子

懒散萎靡

叼根牙签在嘴上

抖脚

穿拖鞋发出声音

嚼口香糖

用餐礼仪

注意自己的吃相；注意不要随便吐出东西来；不要强行劝酒；食物切小块

公德心礼节

基本礼仪

中国素有"礼仪之邦"的美名，应当是讲究礼数的民族，但在我们的生活中，却常看到没有礼貌的人，也常看到无礼、唐突甚至粗暴的场面。我想，主要的原因是我们的"公德心"教育不足。

我读中学时，国文老师给我们看一篇外国人来台湾旅行后写的文章，要我们看完写出阅读感想。那篇文章的篇名就是《中国人！你很有人情味，但你没有公德心！》——那是一九六〇年代，作者游历台湾两个月后的观察总结。我当时的感想就是：真没面子呀！

关于中国人的公德心问题，笑话（或者悲剧）还真不少。有个真实的故事是，过年前都有返乡热潮，火车站挤满了人，很多人不遵守排队礼节，不断地相互推挤，结果竟把一个孕妇肚子里的孩子给挤掉了！写这篇文章期间，我恰好去参观上海世博，也看到很多为排队争吵与推挤的场面，甚至双方打起来，一个人气得把另一个人的眼镜从脸上摘下来折成两半，闹到警察来解决。还看到有人违规，被警察追得到处躲猫猫的闹剧。至于推挤，那更是经常发生的现象。那时候我们坐公交车，看到长者赶紧让位，长者很讶异，一屁股坐下，脸上表情是"赚到了"，他完全不懂这是"让位"礼节吧。

我有位杰出的朋友，从美国举家搬迁到中国来做事，最不能适应的，就是所有硬件设施争着跟上国际社会，但民间的礼节问题，却停留在鲁莽不尊重别人的状态。他说，在中国，每一个人讲话都很大声，有时像在吵架，很不客气，如果在高铁上几个小时，可以在他高昂激动地讲电话，或是两个人对话之间，听遍这一个人一生的爱恨情仇、事业的现况等剧情，此人不在乎旁边不认识的人想安静地休息，一直滔滔不绝地讲，令人沮丧的是，这人无视旁人的厌恶感，没有不好意思的羞耻心。除了没有基本的人与人之间该有的礼数，连基本礼敬别人的距离也没有。譬如去银行办事，明明规定抽了号码排队，但背后的陌生人老是急得贴着他的肩膀，让他很不舒服。我很能体会他的心情，因为我也常常被"推挤"弄得很恼火。为什么有些人总是急着推挤别人呢？他要去的地方，不也跟别人一样吗？为何要那般焦虑而急躁？是因为害怕没有他的份儿才那样的焦虑吗？曾几何时，一个知书达理的民族，竟失去了尊重别人的基本教养。礼节上，人与人之间，确实是需要保持适当距离的。

关于人身的适当距离，我们的老祖宗一千多年前就已注意到这个问题。据说，宋朝开国皇帝赵匡胤，发现文武大臣早朝时，常在朝堂之上交头接耳，窃窃私语，他觉得有损庙堂威仪，于是传旨属官在纱帽后面分别以铁片、竹篾做骨架，每顶帽子两边的铁翅各长一尺多。如此一来，百官各有距离，当然不能交头接耳，窃窃私语了。而古代皇帝的帽子上有流苏，据说也是为了建立皇帝的威严，使他能够走路端庄，免去轻浮或摇头晃脑的毛病。我常想，现在不也流行复古吗？要解决目前这不尊重人身距离的窘况，也许该再戴上赵匡胤设计的帽子吧！

我的上海朋友告诉我，对于不遵守交通规则的人，当地的一招罚则非常有趣且有效：凡是闯红灯的人，警察要他手上举一张"以后我不再闯红灯"的牌子，站在红绿灯口举得高高的，在警察抓到下一个闯红灯者之前，他都必须乖乖地站在那里举着。据说施行这个罚则后，闯红灯的事件明显少多了——对付没有公德心的人，确实需要祭出一些办法呀。

"人溺己溺"，也是非常重要的公德心之一。在美国街上开车，听到远处有救护车的声音，所有人都会停下来，挪出一条让救护车先行的道路，这已经成了一种全民共识；反观台湾，很令人气馁的是，听到救护车的声音，大家仍然一部车接着一部车，根本没有想要为急需救助的病人让路。我常想，大家并不是不明白"人溺己溺"的道理，台湾人都是心肠很好的呀，但是，教育不够彻底，有好心肠也不知遇到紧急状况该有应变措施。有一次我在美国开车，听到救护车的声音，却一时意会不过来，仍然继续往前开，警察车很快就来到我旁边，立刻给我开了一张罚单！我百口莫辩，觉得很委屈，但仔细思量，是因我以前的教育没有学习到这种立即应变的习惯。

公德心也该表现在"知道"自己是在公共场所，讲话不应该过分大声、喧哗、口沫横飞，不但扰人安宁，而且有碍卫生。曾经让人闻之色变的SARS，可能就是在电梯里说话而开始传染的。所以，在小空间里不要讲话已经是人人都该认同的基本礼节。公共厕所的使用教育，清洁卫生的教育，不论是从科学上与形象上，都是刻不容缓的基本课程。外国人热爱中国，热爱中国的文化、古迹，但走进厕所的那一刹那，吓得爱都打折了。我还看到大婶在几十个排队的人面前边走出来边穿裤子，手也不洗就去干活了呢。卫生教育，是需要切实从基层做起的。四十几年前，台湾大街小巷教导"礼貌运动""不要随地吐痰""你丢我捡""如厕后要洗手"等提倡纪律、品德、秩序、整洁等运动，真的起了作用，整体大环境干净多了。教育是一切的根本，中国近年崛起于世界舞台，新的硬件都达到了国际水平，最基本的礼貌与仪容，也一定要透过教育方法，迅速地在民间倡导。

几年前我在上海的公司加班，晚上商店快打烊时才离开办公室。我的办公大楼底下是一个拥有香奈儿、Prada等高级名店的街道，竟然有个男人穿着睡衣在名店街漫步！那人的长相其实很斯文，不像没读过书的样子，我忍不住问他，怎么会穿睡衣在这里晃荡？他说，睡觉前到有冷气的地方走走路可以帮助睡眠，接着一副理所当然的表情问我："这有什么不对吗？你管我做什么？"——听说还有人穿睡衣坐公交车哩，真是莫可奈何啊。

随着中国富裕了，出国旅行多了，在国际上闹出来惹人嫌的故事也越来越多，造成友邦的反感，直呼中国人讲话声音太大，财大气粗，没有公德心的卫生习惯，最是让人诟病。二〇一五年二月底，曼谷邮报《泰国头条新闻》曾报道，泰北旅游名胜以纯白建筑著名的白龙寺，因为部分中国游客使用洗手间时习惯不佳，让庙方再也看不过去，曾短暂拒绝中国游客入内。随之开放后表示，凡中国游客如厕，必定要有导游、领队"陪同"，并决定另建一处厕所专供非中国旅客使用。德国新闻社报道："这所寺庙的设计师说，中国游客用过的厕所，其他游客就'无法'再使用，所以另建禁止中国游客使用的厕所势在必行。"很多人自己上完厕所，弄得脏乱恶心，让下一位使用者没有办法接受。读到这一则新闻，我很能体会新闻中所谓的"无法再使用"的恼火。过了不到两周的时间，中国游客又传出在景区的洗手台洗脚、洗鞋事件，"无素质"是新闻对这些游客的评语，这些报道也都一一出现在国际新闻的头条报道。有些老人带着穿开裆裤的小孩，在外国百货公司公然随地上大号；小孩急着上厕所，有些家长觉得小孩嘛无所谓，就地让孩子对棵树就小便；有些人坐公交车，一边嗑瓜子，一边把垃圾随地就丢；甚至于年轻人也随地吐痰等，这些都是没有廉耻，没有教养的人出国做出来的糗事，丢尽了中国人的脸。

国际礼节中，餐桌礼仪是基本的门槛，细嚼慢咽轻声细语，吃东西时不讲话，拿餐具的顺序与动作，都有其既定的规矩，没有出国门，你可以不用理会，但出了国门，到了别人的地盘，理当尊重。南京禄口机场出境处贴了好大的一个信息：出了国，您就是中国的"形象大使"，如果说我们近年国际上的竞争输了什么，我们的确输在形象差，沦为被侮辱的无素质的国民，这真是一件令人难过的事。父母、师长应当教会孩子们出家门或国门之前的公德心礼仪或是国际礼仪的准则。本篇绘制了不少基本礼节的卡通图绘，希望以轻松的方式，提供师长们教导下一代基本礼节的学习与共识。

惹人厌

屁股脸

插队

炫耀

口沫横飞

狂笑

异味

打量别人

不知降低音量，讲脏话

车厢、飞机上

讲话轻声细语

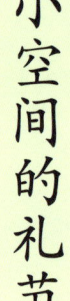
保持清洁

小空间的礼节

不要面对面

保持通畅

注意自己的座位尺寸

戴耳机后不知道自己的音量

不要讲话

需要建立的公德心

公共场所不要抽烟

使用洗手间后要清理

如厕后洗手保持洗手台干爽

不要随地吐痰

不要乱丢垃圾

咳嗽请戴口罩

不要随地小便

不要带小孩穿开裆裤，随地大便

放屁

请排队

排队时，尊重他人，不要太靠近他人

不要插队

不要推挤

勿争先恐后

生活札記

這就是我的屋頂菜園，每天照顧它們，
雙手接觸土壤，仔細聽著它們想說的話，
看著它們一天天的茁壯所帶來的喜悅，好比是心靈上的一種療程。
一分耕耘一分收穫的簡單道理，在這個園子裡處處得到印證，
也深深的植入到我內心的根部。

我的
春天菜园

超可愛的!

茄椒類剛種下就需要支柱

可以控制的雨棚,基本上就是一個大雨傘

常調整南瓜葉
的成長路徑

廢物利用勉強成軍的空中花園

剛剛種下去很整齊

小苦瓜出來了!

買魚網來架到玻璃女兒牆上

希望酒箱子不要碰到炎熱的地面,於是用竹子來墊高讓它通風

需要常

瓜籐底下

三月六日是我种植春天蔬菜的大日子,这季要种的菜可不少:越瓜(腌瓜)、苦瓜、菜瓜、白花菜瓜、澎湖丝瓜、南瓜、青椒、辣椒、蕃茄、空心菜、龙须菜、四季豆、苋菜、豇豆、芦笋、明日叶、紫苏、罗勒、黄秋葵、毛豆、雁菜、A菜、九层塔、小黄瓜、茄子、长菜豆、大葱、萝蔓莴苣、日本茼蒿、韭菜等。

前几天就已将用过一季的土壤翻土,装土的红酒箱也清洗了一次,以虔敬的心情恭候种苗的到来。春天的瓜茄类需要很大的面积,除了原有的平台,更扩大到往屋顶的空间开展。但屋顶的日照太炎热,必须搬些竹子垫在盆子下方,以防瓜类被烫伤。

这次的土壤是阳明山土搭配有机土。另外,我说服了一个进口土的厂商做我的合作对象,他卖的是从没有被开垦而且抽掉水分的轻质土壤,而这次拿到的红酒箱不够高,比较扁而宽,钻孔后加上不织布,希望能透水又不流失土壤,要试试进口土壤是否真如广告上说的一样神奇。这也列为我春天种植的实验项目之一。

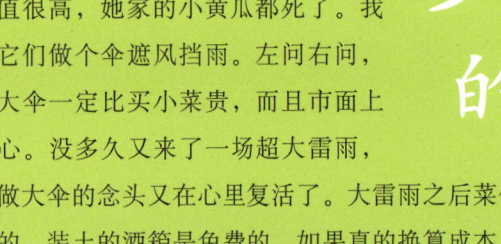

准备就绪,像搭装置艺术似的把场景布置好,种苗从美珠的种苗场载来,立刻栽种下去。为了防虫,美珠要我多种一些辣椒,所以在酒箱间放了好多圆形的红色塑料盆,破坏整齐有序的画面。但做农夫的重任是必须除虫,顾不得装置艺术的美感,一切搞定,满心期待地经营起我的春天菜园。

不久之后来了一场大雨,附近的邻居有点惊慌地说报纸报道阳明山酸雨值很高,她家的小黄瓜都死了。我不禁为菜园里的小生命担心不已,想帮它们做个伞遮风挡雨。左问右问,都说没人这样做啦,一棵菜多少钱?买大伞一定比买小菜贵,而且市面上也没人卖那么大的伞啊。让我几乎死了心。没多久又来了一场超大雷雨,我的宝贝们被雨水打得弯下了腰,想做大伞的念头又在心里复活了。大雷雨之后菜价必然上涨,想到我的土由厂商资助,苗是美珠送的,装土的酒箱是免费的,如果真的换算成本,几十倍的价差其实就是我的心血。每天看着它们的成长,那满心的喜悦就是我的维生素、精力汤,我必须保护我的宝贝们,换取我的维生素才是!决定还是要给它们弄个伞来。

至于买伞,花钱是一回事,买不到则让我非常不服气。我在家里翻箱倒柜,找到些以前围狗的座子、长长短短的棍子,就开始设计起我的菜园大伞。伞骨有了着落,又找到以前做室内设计时留下来的一大捆塑料布,于是拿去车招牌的阿伯处,求爷爷告奶奶地请他帮我车成一大块。阿伯边车边数落我的无知,骂我设计这种没有人用过的东西。好不容易车好了,我又请他在四边装上穿绳的特别孔,可以绑在建筑物或水桶上固定。就那样狼狈地站了四个小时,被阿伯骂得体无完肤,终于把那块大男人才搬得动的塑料布弄回家。

回到家，号召全家总动员，把塑料布放上了伞架，正好又下起了雨，我好高兴地在伞下跟苗儿们邀功。谁知骨料间距太大，塑料布中间积满了水，眼见水太重就要垮下来，我就爬到伞下，用头去顶一个个积水的区域。隔壁邻居打电话调侃我，问我为何要疯狂地在大雨中忽高忽低地膜拜？是信哪一种教？我则是累得两眼冒金星，第二天只好打电话向金属工程公司求救。经过两个多星期，才把这个废物利用的活动组合伞施做完成，发挥了该有的作用。

我们公司有位林顾问，也是我的种植顾问，我从他那里学会很多知识。我们都坚持不洒农药，唯一不同的是施肥的态度。他认为必须给植物吃鸡粪拌些什么，尿素更被他视为神圣武器。我则跟他说我想试试看不施肥会怎么样。

我的椒茄类长得非常成功，让我大受鼓舞。但种南瓜的酒箱太薄，土不够厚，刚开始生机盎然，结果却后继无力。当然我也没有为了要多子多孙就喂它们吃大餐。实验总要坚持一阵子才看得到结果的。

又过了两周，林顾问来看我的椒茄类，说它们虽然有一种素雅的感觉，但不够壮。我想这大概就是有机种植的现象。有机的心态并没有要凡事第一名，"尊重"与"不要过量"才是该坚持的眼界。如果有剩下的优酪乳，我会倒一点到土壤上，如果有虫子，就用我的娇椒牌麻辣烟熏法，还有几次则用稀释的米酒喷洒，让那些虫子醉去吧！林顾问还教我要常常修剪才能得到大的，我则想有时吃小小的也无妨，反正那么大一颗，嘴也塞不下，还不是要切小块。总之，我就是想贯彻我的有机态度。

十天后林顾问再度来探察，满脸凝重地跟我说："真的不能再不给人家吃啦！你的菜都软喽！它们饿坏喽！"他又用他的名言："你不给它吃，它一定也不给你吃！"被他这一说，我再仔细看看，真的是趴趴的，我好没良心，让人家饿成这样。怎么办呢？为了拯救我的菜儿，就接受他的建言，施肥吧。

顾问带来了他觉得最好的肥料，很快地帮我喂给它们吃。哪知道，第二天我的蕃茄与豆类全枯萎下来，再过两天就全死了。我除了心痛，还觉得很对不起它们，它们本来就是单纯的，希求不高的，自然的，纯有机的，我怎么会没大脑的，做一件与我坚守了几个月的信念相违背的事呀。

这次的教训，让我更明白有机种植的精神是全力照顾，基础土壤需要时间休息，养分是需要培养的，肥料给予坚持有机，要知道来源，尽可能自己利用厨余回收制作，要明白虫害是没完没了的战争，不要贪心，软一点就软一点，相貌一定会输给那些施化肥与杀虫剂的蔬菜的。心态很重要，全然看你是想要在每一顿饭，都吃那顶级的才觉得满足？还是情愿退到自然的法则线上，吃一些你与大地协议过的，只属于这个季节的菜色？一个恰到好处的、不聒噪的、不贪心的女孩，何必要去跟一个一定要最好的、精明的、美容后的女孩子比呢？

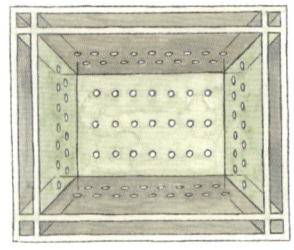
從上往下看

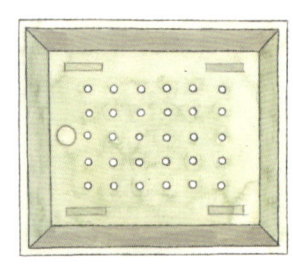
從下往上看

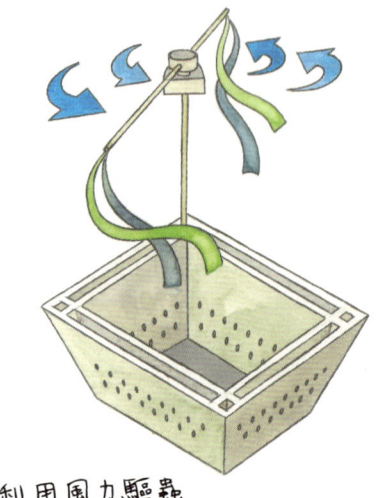
利用風力驅蟲

這個可以單一撐傘

循環灌溉系統

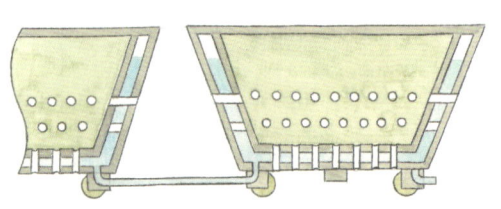

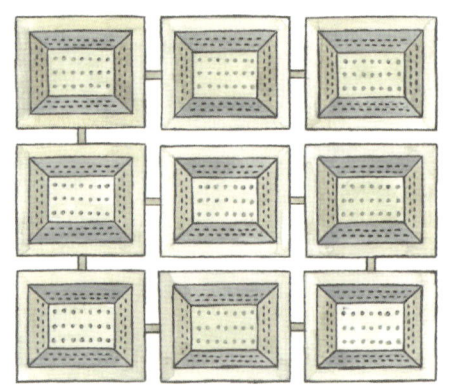

我的小兒子看著我種植幾個季節以後，
結合我的經驗，設計了一個植栽盆，還去申請了個專利呢！
我們異想天開的想著，
如果所有的大樓都能夠把管理費
花在幾盆自己認養的蔬菜上，
妥善利用太陽光照射得到的地方，
那該有多好呀！看看我的收成，好滿足呀！
這菜錢可能省不了多少，
但是藉由這個親手種植的過程，
無形中減少了坐在電視電腦前的時間，
讓自己去跟大自然對話，認識四時，
體會生命的過程，真是值得分享與推廣的

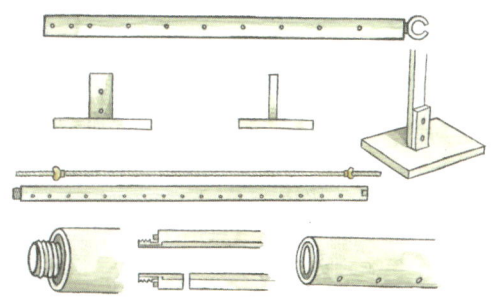

這些有洞的管子可以調節高矮

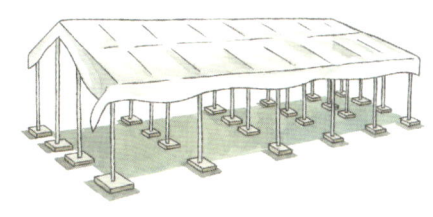

這是一個活動傘架,挺管用哩!

這是我們的發明

傾盆大雨來時,我們可神氣了

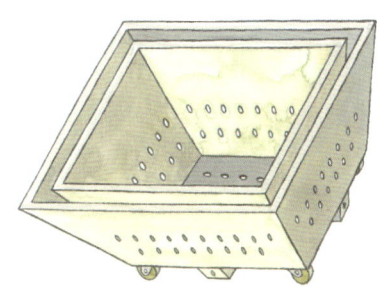

這個容器外面有一圈水保持溼度

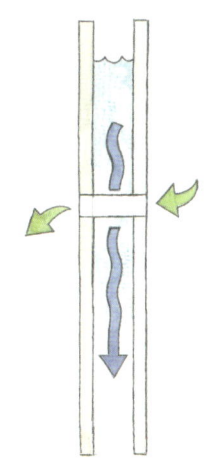

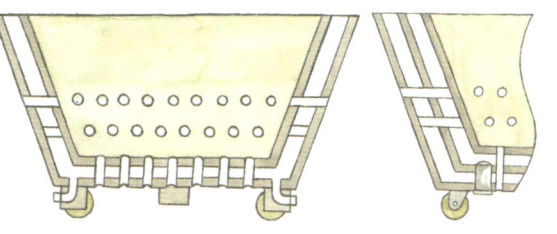
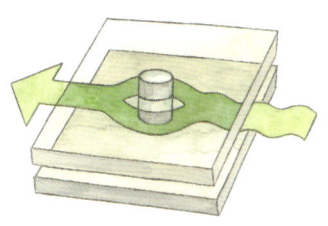

空氣可以到土壤去由側面的氣孔

老人家說：

農曆二月的韭菜，質地最好吃，

韭菜含硫化物，不宜跟牛奶一起吃。

不建議孕婦多吃韭菜，尤其是韭菜炒豬肝。

遮斷光線，沒有葉綠素再長出來的韭菜，就是韭黃。

入秋以後的韭菜抽苔，含苞時剪下來，就是韭菜花。

冷天的蔥比較香，宜蘭的白蔥最好吃，

被形容蔥白的部分像女人的手指一樣嫩白纖細。

小黃瓜煮熟比生吃好；蕃茄越紅越好，但儘可能單獨生食，否則煮熟較好；

苦瓜本身含高鉀成分，最好煮湯喝，不需要再加鹽了；

莧菜是吃軟不吃硬的；龍鬚菜以前是餵豬吃的，

買的時候要選鬍鬚直的，易折斷的，不能放，當天要吃完；

空心菜用中火炒，起鍋後淋點油以免變黑，

儘可能不要買溫泉種植的，吃完後不要喝牛奶。

蘆薈是一年四季都可以種植肥厚多汁的植物，

建議養一些，可治療曬傷，可直接塗抹於頭皮上當洗髮精使用；

亦可用米酒頭兩罐配600g的切片檸檬與600g的平長條切開的蘆薈，

醃製三個月後，可當天然無化學成分的美白化妝水使用，效果很好呢！

我的
厨房

胃味
道道

年轻的时候，我自认为对吃是很随意的人。直到生第一个孩子，坐月子期间请了一位宜兰来的老婆婆在家帮忙，我母亲家虽也每天送菜来，宜兰婆婆还是坚持每天帮我做菜，她的每一个菜都用麻油，还用麻油帮婴儿擦头，我不好意思辜负她。但麻油的味道很重，把餐桌上我妈妈送来的菜全给盖掉了，日日吃着闻着那单调且油腻的味道，我第一次感觉到有些东西是难以下咽的。

孩子大了，暑假陪他们到美国上各种夏令营，一去就是六个星期。夏令营在东岸缅因州或宾州边上，连我最痛恨的美国快餐店都要开车两小时才找得到，星巴克咖啡则需要四小时才找得到。我住在当地那种专门为了夏令营父母在表演日那天或是接送日所设立的住家型早餐旅社。有一次还因为订位太晚，没有房间，屋主可怜我，最后让我跟他三只德国狼犬睡在同一间。我在冲澡的时候，狗儿还推开门见识了一下从没有见过的东方女人哩！

虽然旅社的早餐桌上有着美丽的蕾丝桌布、手工拼布的垫布，小碎花的口布，现采的蓝莓，自己养的蜂蜜……可是我的胃想家，想一份烧饼油条，想念清粥小菜，越想越厉害。那几年的暑假煎熬，让我不得不承认，虽然读书时代也在美国住过几年，以为自己的胃已经很西化了，其实啊，我的胃早就被生长的家给定调了。

投胎做个中国人，是前辈子修来的，我们有太多的恩宠，其一就是我们老祖宗留给我们的饮食文化。我游走过很多以前地理课本中提到的蛮夷戎狄的城市，也经常往返世界之都的大城市，常常比对食物的特色与特性，我的结论是：举凡全世界的食物，有味道的一定有它背后的故事与历史，才能流传下来。因此大多有一个专属的名字，比如我们上四川饭馆，不用看菜单，对着侍者说"麻婆豆腐"，上意大利餐馆要一份"玛格莉特比萨"是一样的道理。有文化的菜当然是一言以蔽之的，不像那种高级餐厅呈现的菜单，出一堆选择题，昏暗的灯光下，要你解读冗长的文字密码，分析厨师是怎么煮这道菜，加了什么材料提味的……当有文化的菜名一说出口，我的胃已经准备着接受一种味觉的到位，我的嘴也准备既定的口感来咀嚼。中国多样性食物的口感，千变万化，我的乡愁，很多时候不是味道的思念，而是口感的失落。

出国时，我最想的口感是软糯的感觉或是经得起咀嚼的韧度、食物的热度、包覆的层次，甚至是到胃的饱足感。

我自己归纳起来，中国人的米面与豆类食品最伟大，衍生出来的食材与调味品造就了无可取代的独特性；白萝卜、面筋、菌种木耳与十字花科菜等的特色，加上烹调腌制等传统手法，这都是我们味蕾根深蒂固习性之所在。我最受不了的食物是所谓的

"创意菜",很多时候是没有规矩,不讲道理的。我们的文化菜色何其繁复多姿,学都学不完,哪还有发明的空间?

近年健康意识觉醒,所有食物都指向清淡,年纪越长,我越能体会其实"清淡"是一种最高境界的味道,尤其是有机新鲜的食物,其"清淡"有着一股能量的气质,这是烹调不出来的味道。我们的餐饮祖师爷伊尹在《吕氏春秋》中留下了料理的至理名言:"……凡味之本,水最为始。五味三材,九沸九变,火为之纪。时疾时徐,灭腥去臊除膻,必以其胜,无失其理。调和之事,必以甘酸苦辛咸,先后多少,其齐甚微,皆有自起。鼎中之变,精妙微纤,口弗能言,志不能喻。若射御之微,阴阳之化,四时之数。故久而不弊,熟而不烂,甘而不浓,酸而不酷,咸而不减,辛而不烈,澹而不薄,肥而不腴腻……"其中五味为:咸、苦、酸、辛、甘;三材为:水、木、火;调和味道的顺序为:甘、酸、苦、辛、咸。这是老祖宗留给我们中国菜的经验与常识,一直沿用至今。

中国地大物博,菜色繁多,如粗略地以地方来分,东部的江苏浙江安徽菜(醉鸡、酱肉、扣三丝、糖醋排骨、熏鱼、西湖醋鱼、松鼠黄鱼、醋溜鱼卷、茄汁明虾、蟹黄菜心、奶油白菜);南部的福建广东菜(葱油鸡、脆皮鸡、芋泥鸭、生菜鸽松、咕咾肉、荔枝肉、挂炉叉烧、蚝油牛肉、茄汁鱼片、酥炸生蚝、冬瓜盅);西部的四川湖南贵州菜(棒棒鸡、油淋子鸡、宫保鸡丁、樟茶鸭、回锅肉、鱼香茄子、粉蒸牛肉、干煸四季豆、辣豆瓣鱼、干烧虾仁、虾仁锅巴、麻婆豆腐、绍子烘蛋、糖醋白菜、四川泡菜、麻辣黄瓜);北部的山西山东河北河南的北方菜(熏鸡、香酥鸭、北京烤鸭、火爆腰花、蒸羊羔、涮羊肉、葱爆羊肉、炸虾托、凉拌三丝);台湾菜则有菜脯蛋、笋干烧肉、花枝丸、烤乌鱼子、生炒九孔、麻油鸡、蛋黄肉、客家小炒,这些大多是我们到各类餐馆知道要点的菜。南甜、北咸、东酸、西辣,则是这些区域的不同风味的特色,而台湾则囊括了所有的菜色与各地地道的味觉。

台湾在一九四九年前后有数百万大陆各省的人到来,陆续发扬各地的饮食文化,因此各类菜馆林立,什么地方的菜色都吃得到。十六岁出国读书之前还去著名的傅培梅烹饪班上课,同学大多和我一样是要出国留学的,也有些是学了以后要去餐厅当厨师。她在那个年代教课,就已经采用阶梯教室,我坐在上面往下看她做油淋子鸡也看得清清楚楚。她的《傅培梅食谱》,留学生或新嫁娘几乎都会带一本当随身宝,我那本至今还存着当个宝呢。傅培梅女士是我们那一代最重要的烹饪老师,我对于味觉的先入为主,大概都是从那里开始的。

我的胃道,当然也来自我们家的上海菜,有一种女人的细致与坚持,很多菜也有一种朴素的质感。我喜欢看我的小阿姨烧菜,从采买开始就有她累积经验的法则,例如她去传统市场买菜,会向肉摊要块肉,跟老板说:"给我看看,等下还你!"然后把肉带到菜场外面的日光下,对着太阳看,看那肉的纹理,晚上我就会吃到入口即化的菜。她要发些如海参之类的大菜,就把海参泡在碗中,然后水龙头只开一点点,整个晚上让水一滴一滴的滴下去,水流答滴的活水,海参才不会遇热硬掉。她坚持不用微波炉,甚至对什么样的锅子放在几孔火头的炉子上也分得一清二楚。专门烧素的,就不要烧荤的,东西落锅的顺序、起锅的顺序等,好像模子一样定了型从不会改变。

我的胃道也来自我阿姨的手势，她在需要用碱的菜式上特别独到，她的手优雅地让腐皮过碱水，手心手背在水里漂过，小指还翘起来，恰到好处。她的刀工一流，切东西时两手的力道均匀，看她切的菜，就没办法习惯别人的形状了。她包粽子处理竹叶时，好像在折纸，细着心却充满信心的动作。

我阿姨对分量的控制，更是影响了我的胃道。一个菜就算做了一大锅，她端上桌时好像算过几个人几口，恰到好处的一盘，让所有人觉得每一筷夹起来都是需要珍惜的量。有时到别的地方吃饭，看到端上来的菜堆得像座小山，当场几乎失去欲望，那时我就更了解小阿姨的用心。几十年来，我们的胃被这种微妙的人性心理学控制着，每一次吃她的菜都齿颊留香，意犹未尽，期待着下一次。

小阿姨非常讲究卫生，所以我的胃道还来自她的洁净，每一道菜都吃得安安心心。她最大的乐趣是整理冰箱，每一个方位都有条有理分门别类存放着她的秘密武器。甚至是剩菜，她也珍惜而仔细地分类存放，绝不浪费。这种留着剩菜再利用的节俭美德，当然也影响着我的胃道。

但是小阿姨不愿意教我做她的绝活，她说我学会了就不去看她了。她这一生最大的武器就是她的厨艺，所以有人问她怎么烧的，她总是笑而不语。有一回我一个朋友吃了好吃，当场一路逼问，后来朋友一走，阿姨就数落她："你这个朋友怎么这么没有礼貌呀！"我想别人就算照她说的方法学，烧的菜也一定跟她有出入的，因为她是那样的全神贯注，中间经过许多的判断，那是旁人学不来的。

小阿姨只会做上海菜，对其他的菜色没有好感。后来我发现很多上海人是真的只喜欢自己的菜色，非常"排外"，出去吃别的菜色都会跟上海菜比。蔡康永也是上海人，他读到一篇文章说，一个人如果很偏食，老了以后会失去味觉。他转述给我听后，我猛然发现是真的，因为我阿姨现在烧菜常常说她尝不出味道来。

现代社会交流频繁，我们的胃得以广泛地接受不同的味道。我的孩子们的胃，也游走于不同的地域，也许因为太过广泛，他们的胃已快被速食时代驯养，渐渐失去了流传的美好味觉。他们说，美国连锁的快速熊猫店（Panda Express）也算中国菜，殊不知吃惯了加味精的食物，味蕾就无法品尝别的食物的自然美味。

胃道是一个人饮食记忆的点滴积累，我并不要孩子们只拥有中国的胃道，但眼见着一些快餐炸鸡店不断开张，有多少鸡是靠着荷尔蒙与抗生素才能持续高效率地供应？麦当劳将以一年五百家的速度进驻中国，取巧的高温油炸与合成食物，又将驯服多少孩子们的胃？甚至繁忙的家长也可能抵不过快餐店所带来的便捷诱惑！而时兴的大型贩卖场，销售的是各式巨大包装，同时含有可重复高温油炸、不易败坏的"氢化"植物油副产品。此外，人造奶油可让洋芋片、苏打饼、面包等点心食物变得爽脆可口且有好看的卖相，黑心店家掺杂的速成化学添加物，为了让食物有强烈口味的盐与油脂……这些、那些，堆积到身体都会产生各类过敏或是慢性病或是更严重的病症，家长们要帮助孩子们把关才行。其实让全家人多花一点时间在厨房，"回家吃饭"就是一个最好的解决办法。

殊不知当自家味道定型了，自然的胃道就习惯了，家长们真是需要三思呀！温暖的家，必须是要能散发一种健康的、独特传承的，让孩子的记忆流连不去的味道呀！

基本味觉

1. 红烧

红烧最重要的原料是酱油，配料则有酒、葱、姜，以及八角、花椒、盐、麻油、糖，若要久煮就用冰糖。红烧牛肉面则一定要加辣豆瓣酱。

台湾的红烧猪脚会加桂皮，牛肉、牛腩或牛尾则除桂皮外看情形再入丁香、豆蔻、甘草。红烧海参或鱼翅则要加入等同于酱油分量的猪油、鸡油，也会加入太白粉和面粉。而红烧黄鱼、草鱼、青鱼（用鱼身中段）或下巴划水，则会由锅边淋点醋，因为不是要醋的酸，只要醋的香。此外还可见到红烧八宝鸭、红烧鸡、红烧狮子头、红烧豆腐、红烧面筋。

我们家有一道简单的家常菜，就是猪肉加白煮蛋一起红烧。我阿姨那有名的红烧蹄膀就不那么简单，要先经过汆烫与油炸，用的酱油她嫌这家太咸，那家太淡，这家不香，总要把各品牌酌予混合，调到她记忆中认为对的味道，然后加上花雕酒与冰糖，用文火慢慢地烧。上桌时搭上点青江菜，红绿对比，鲜艳夺目，看起来丰腴诱人，吃起来却不觉得油腻。问她诀窍，她说：就是酱油、酒、冰糖呀，没有别的配料。呈现得如此自信而大度，让人真是惭愧。红烧谁都会，要烧出她那样的境界，不知在火候上还得琢磨多久呢。

2. 糖醋、咕咾与甜酸

我妈妈教过我一道急就章的糖醋排骨，变成我的万灵丹。她说，只要记住五水四糖三醋二酱油一酒，跟着排骨往锅子里一放，煮开后转小火二十分钟就是一道像样的好菜。孩子小的时候，忙到吃饭的时候，我常常变出这道万灵丹。

甜酸肉是在外国的中国餐馆的招牌菜。我本来以为这道菜没有原籍的问题，反正糖多少，醋就多少，醋与酱油都选用浅色的，再加上酒、盐、麻油及番茄酱，最后用太白粉勾芡，合为综合调味料，然后另起油锅将凤梨、青椒炒熟，加入综合调味料，用铲子快炒，但要注意锅子里的水分和浓度，免得焦了粘锅。如果主料是排骨，则需先把排骨裹粉炸好备用。待综合调味料的黏度炒到刚好即关火，把炸好的肉块放入烩一下即可起锅。如果是甜酸鱼，则可以把炸好的鱼铺在盘子上，把综合调味料浇上去，但酱料很浓，如果吃得太慢，鱼肉可能软掉。

有次在香港有名的老店蛇王芬，我特别点了菠萝咕咾肉。店家问我要不要生炒骨，我也不知是什么，相信人家一定有什么学问的，就说要。果不其然，端上来的盘子里没有像国外餐馆那么多浓汁，肥瘦均匀的肉块是用栗粉、鸡蛋、绍兴酒与生抽腌过，裹粉后炸得松软适度，每一块肉都只裹上定量的调味料。至于那生骨，就是吸这咕咾与骨髓的味道，真是绝配，让人惊艳。

后来得知他们的做法，肉块第一次只炸八分熟，捞起来去掉渣子，另起油锅再炸一回，这样表层与里层才会均匀，之后再用吸油纸分多次吸去油脂，才不致软掉。他们的综合配料也比较讲究：浙江白醋、茄汁、黄糖、鸡汤、生粉、盐、老抽、山楂粉、啤梨果酱。

咕咾肉除了酸与甜还要讲究咸，三味要平均共存。腌肉则不可以加糖，糖会抢火，让肉炸得太浓……我这才明白，咕咾的原籍大概在广东吧。

女儿问我外国的甜酸肉跟咕咾肉有什么不同？当然是有些不同的。咕咾肉口感好，气味香，颜色漂亮,可以当成一道秀气的菜肴,有它讲究的学问;甜酸肉比较粗,就是酸跟甜,利用酸甜让你开胃好下饭,吃完后糖味觞在喉头上,还得喝加冰的可乐去解味精的不适呢。在国外住久了,千万别把它跟历史悠久的中国菜混淆了。

3. 宫保

"宫保"的由来为清朝四川总督名为丁宝桢,平息过捻乱,清朝自雍正开始,不公开立太子,对有功的大臣加以"少保"衔以示朝廷的恩宠,所以他有"太子少保"的头衔,也有"丁宫保"的名称。这位美食家,喜爱吃炒鸡丁,每次他回乡省亲时,就吃得到特别为他烹饪的鸡丁,这就是宫保鸡丁的由来。

综合调味料是深色的酱油,少许的醋、酒、盐、麻油,糖可多一点,再调入湿的太白粉。在油锅爆香花椒,待快变成黑色就捞出来,加入干辣椒段、姜末,再入主材料与花生即可熄火。

主材料若是鸡丁,则可用蛋清裹后用油泡熟,也可以是虾球、鱿鱼卷。仁喜吃素,我就选用百合,搭配花生,变成一道很别致的宫保百合。

4. 麻辣

综合调味料是辣豆瓣酱、酱油、醋、酒、糖、盐、花椒粉、麻油。葱姜爆香后加入已经熟了的主料,再加入调味料即成,譬如麻辣鸡。

若主菜为凉拌类型,综合调味料则改为辣油、酱油、醋、糖、盐、花椒粉、麻油,譬如麻辣腰花。麻辣豆鱼是把烫开过、去头尾的绿豆芽挤干水分,与煮熟的豆干丝一起卷入豆腐衣,入锅煎一下,最后淋上综合调味料,不一样的是还要加上芝麻酱与炒熟的芝麻。

最近流行的麻辣锅底,则需要丁香、豆蔻、甘草、桂皮等再加上草果,放入棉布卤包中备用。先起锅把八角与花椒炒香后,加到另外一个锅内跟姜末蒜末与少许胡椒一起爆香,再入各式辣椒粉、豆瓣酱、高汤,与卤包以文火煮约三小时即成。可当成火锅锅底。

5. 鱼香

鱼香肉丝的肉丝要先用酱油与太白粉腌过,过油后备用;荸荠与黑木耳也都切丝;综合调味料是酱油、酒、糖、盐、辣豆瓣酱、醋、麻油,再加上湿的太白粉。先爆香姜蒜,放入荸荠、木耳与过油的肉丝,再把综合调味料淋入,撒上葱花。有名的还有鱼香茄子。此外鱼香烘蛋需要较多的蛋,与湿太白粉与盐打匀,打到起泡,倒入热油后转小火,把蛋烘到半熟,要翻面以前先把锅中的油倒掉,使其稍微凝固即可,最后把有鱼香味的菜色浇到烘蛋上面。

6. 卤

最简单的卤味包只有花椒和八角，最复杂的则多达二十样，其作用多为去腥与提香。通常说的五香，是指丁香、茴香、肉桂、桂皮、甘草，此外，山柰、草果、香茅等，则较有异地浓烈的气味。

做卤味之前要先把葱姜蒜爆香或加入些红葱头备用，再把砂糖加上约二分之一的水以小火煮约五分钟后，再加些水转大火直到糖有黏性，这个动作称为炒糖色，主要是让卤味的颜色看起来漂亮有彩度。爆香的料加入高汤、酱油、冰糖、酒或豆瓣酱、沙茶酱后，即可放入要卤的菜色，如素鸡、海带、豆干、猪脚、牛腱、卤蛋、鸡脚、鸭舌、鸭翅等，最后放入卤味包，约三四个小时就可入味。近年也流行在卤锅里加水果，如苹果、柳丁、甘蔗等，水果的香气也可以为卤味加分。很多人家也会先把肉类卤好，再把汤汁用来卤其他的料。

7. 油爆

油爆的菜色多半是海鲜类，如油爆虾、扇贝、双片（海螺片与鸡肫片）、桂花蚌等，以酱油、酒、糖调味，在锅子里晃不到一分半钟就好。讲究些的，总还要先炸一回沥干油分，再加些爆香的葱姜蒜后再回锅爆炒。虾的种类很多，沙虾、河虾的壳比较软，常用来油爆，吃时鲜香酥脆，不用吐壳。不过一般家庭的瓦斯炉比不上餐厅的猛火，不是家家烧得出酥脆的油爆虾。

8. 酱爆

酱爆青蟹和酱爆鸡丁都是名菜。这个酱指的是甜面酱。蟹用葱段姜片绍兴酒腌半小时，蘸些面粉。鸡丁则用蛋白、太白粉、盐等腌制。需要较多的油烧到八分热，加入螃蟹炸至变色即拿起来沥干；鸡丁也是用油炒熟后沥干油分。

再起油锅加正常量的油，放入葱姜末，再加上甜面酱、番茄酱、水、酒、酱油、糖等，再将螃蟹加入拌炒即可；也可加入毛豆同炒。鸡丁则用甜面酱加点糖、麻油拌炒。

腌制

菜名	食材	酱油	盐	酒	糖	太白粉	湿太白粉	蛋白	蛋黄	清水	苏打粉	油	其他
松鼠(甜酸)黄鱼	黄鱼或草鱼约一斤四两	-	1/2t.	1T.									
醋熘鱼卷	中段草鱼或桂鱼、鲳鱼一斤		1/2t.	1/2T.									
桃仁鸡丁	嫩鸡一只约一斤半重或鸡肉十二两	1T.				1T.		半个					
生菜鸽松	鸽子一只或鸡肉六两或猪瘦肉五两	1/2T.	1t.	-	1/2t.	2t.		1个					
咕咾肉	大排骨肉十二两	淡色酱油 1/2t.	1/2t.			1T.		1个					
糖醋荔枝肉	大排骨肉十二两	淡色酱油 1T.		1t.		1T.						-	红粉少许
蚝油牛肉	嫩牛肉全瘦腿肉十二两	1T.	-		1t.	1T.				3T.	1/2t.		
中式牛排	嫩牛肉或菲利或外脊肉一斤	淡色酱油 2T.			3T.					1/2C.	1/2t.	熟油(后下) 3T.	松肉粉1t.
青椒牛肉丝	瘦牛肉半斤	2T.	1/2t.	1/2t.		2t.				1T.		1T.	
茄汁鱼片	新鲜白色鱼肉十二两	-	1/2t.			1T.		1个					
生炒鱼球	石斑鱼肉或白色鱼肉一斤							1个					

9. 葱燶

葱燶鲫鱼是冷菜，只有上海人用这一个"燶"字，一般市面上都写成"葱烤"二字，所以会误导，因为虽有个"烤"字，其实并未放入烤箱，而是要在火候上下功夫。葱的分量要多，不需切段，整条入八分热的油略炸一下，变色就捞起来。鲫鱼入锅油炸，炸两次让肉与骨都香脆后捞出，去掉油脂，置入装了酱油、冰糖、白醋的碗中腌浸三四小时，其间要常常翻面，让作料均匀浸入鱼身。另以一锅铺一层已炸过的葱段，放入腌好的鱼，表面再铺葱段，最后把腌浸的汁淋上，加水超过表面，大火煮开后改以小火焖煮，待收干水分即可装盘，凉了再吃，葱跟鱼肉鱼骨都一样酥软好吃。

葱燶排骨则是吃热的，先爆香青葱让排骨去腥，另起油锅放入洋葱与红葱头，再加上酱油、酒、水，把排骨放入，视大小总要两三小时，要注意水分的维持，最后才收干水分，起锅前二十分钟才入冰糖即可。

不是"葱"燶则还有燶芥菜、酸菜燶笋，基本上都有把食材焖煮略收干水分的意思。

10. 沙茶快炒

沙茶酱味道香浓，配鸡牛猪肉炒都好，但配花枝、蚌类那种表皮光滑的食材最好。伟大的沙茶酱，成分很复杂，是用油炸过的鳊鱼与赤尾青磨成粉末，再与油炸过的花生米末、虾米末、蒜泥、辣椒粉、葱干、五香粉、山柰粉、芫荽粉等，用黄豆油煸炒起香，加上白糖与盐，以小火炒到不起泡时，熄火冷却而成。

譬如炒沙茶桂花蚌，蚌需先用油炒过捞起。再起油锅配以嫩芹菜炒沙茶酱，再入炒过的桂花蚌，加些酱油与蚝油，立刻起锅上桌。那香得有点呛鼻的沙茶味随着热烟在空气中扩散，会让正在高谈阔论的客人顿时安静下来。

11. 椒盐、盐酥

胡椒跟盐是很好的搭档，用它们的时候，通常不会再用酱油之类的调味，颜色因而比较清爽。我们家有个下酒好菜，叫手撕鸡。干锅先炒盐，变色时加入花椒同炒二十秒，然后趁热抹到鸡腿上，持续按

腌制

菜名	食材	酱油	盐	酒	八角	姜	葱	太白粉	湿太白粉	蛋白	蛋黄	油	其他
虾仁腰果	虾仁九两	-	1/2t.	1/2T.	-	-	-	-	-	-	半个	-	-
茄汁龙虾片	大龙虾一只或小龙虾两只	-	1/2t.	1/2T.	-	-	1T.	-	-	-	半个	-	-
油淋子鸡	嫩鸡一只约一斤半重	5T.	-	1T.	1颗	3片	2枝	-	-	-	-	-	-
麻辣子鸡	鸡一只或鸡肉十二两	1T.	-	-	-	-	-	1T.	-	半个	-	-	-
宫保鸡丁	嫩鸡一只约一斤半	1T.	-	-	-	-	-	3/2T.	-	-	-	-	姜屑1t.
鱼香肉丝	瘦猪肉半斤	1T.	-	-	-	-	1T.	-	-	-	-	-	-
红烧牛肉	肋条或腱子肉二斤	1C.	1T.	2T.	3颗	5片	-	-	-	-	-	1/2C.	辣豆瓣酱3T.、花椒1T.、大蒜5颗、开水高出肉面两寸
粉蒸牛肉	牛肉九两	-	1t.	-	1颗	3片	2枝	-	-	-	-	3T.	米粒粉1C. 辣豆瓣酱1T.
菠萝咕咾肉	猪脢头肉七至八两	生抽1T.	-	绍兴酒2t.	-	-	-	-	-	一个	一个	-	栗粉1/4C.
酱爆虾球	花虾或大虾十二只	-	-	-	-	-	-	-	-	半个	-	-	砂糖1钱、苏打粉2钱、豆粉0.5钱、味粉2钱、生粉1钱

简易称量单位：1斤=0.6公斤=16两=10钱=600公克、茶匙(小匙)=t.=teaspoon、大匙=T.=Tablespoon、1大匙=3茶匙、1杯=16大匙=48小匙、杯=C.=Cup
容积换算：1杯=240c.c.、1大匙=15c.c.、1小匙=5c.c.、1/2小匙=2.5c.c.、1/4小匙=1.25c.c.

摩十分钟，即放入电锅蒸，熟透后撕掉皮，把肉撕成小块，吃起来既浓香又清爽。可以腌一些放在冷冻库备用。

椒盐鲜鱿是盐酥里很成功的一道菜，鲜鱿切花，让前面大后面小，投入豆瓣酱跟七味粉混合（日本人称为七味唐辛子，七种不同颜色的调配料调成，以辣椒粉为主）的碗内，蘸匀后，蘸一点黄豆粉，先以五分热的油去炸，颜色变黄就拿起来放在纸上把油吸干，再另起油锅，待油滚热后，再丢下去五秒钟，再拿起来用吸油纸吸油，撒一点椒盐在上面，这是最讲究的椒盐吃法。我曾试过白果跟椒盐搭配，也是一绝。

同样是盐与胡椒，做盐酥鸡时则需用高温油炸，加九层塔爆香，再撒上胡椒盐、蒜末、酸菜等，味道浓烈不可抗拒，自家做的一定比市面上那些重复使用炸油的盐酥鸡健康好吃多了。

12. 三杯

此味的特色是不用一点水，而是以相同分量的酱油、葱爆香后的乌麻油、酒三味所衍生出来的特殊口味，餐馆都用特制的铁锅，炒完直接端上桌，是很亲切的台湾小炒，最常见的有三杯鸡、三杯小卷。

这菜需用多一点的老姜片，先以乌麻油炒香，再放蒜头、辣椒，与鸡块合炒。调味料除了上述的乌麻油、酒、酱油，还要加少许冰糖、砂糖、麦芽糖，以及酱油膏、豆瓣酱、乌醋等；最后加上九层塔，锅盖焖一下，端上桌自然浓郁扑鼻，有一种诱人食指大动的香味。

13. 烟熏

用旧的炒锅最好不要丢，可以拿来做烟熏鲳鱼。

鱼用葱姜盐酒腌一下，要两面翻。盘底放竹筷子，鱼置其上入锅，蒸约快熟，熄火待凉备用。在旧炒锅中放白米、黄糖、红茶叶等，把均匀刷上炒菜油的铁网放上去，再把鱼放置网上，盖上锅盖，边缘

综合调味

菜名	食材	酱油	盐	醋	糖	清水	番茄酱	太白粉	胡椒粉	蚝油	酒	麻油	其他
松鼠(甜酸)黄鱼	黄鱼或草鱼约一斤四两	1/2T.	1t.	白醋4T.	4T.	6T.	4T.	3t.	-	-	1T.	1t.	-
醋熘鱼卷	中段草鱼或桂鱼、鲳鱼一斤	-	1t.	镇江醋4T.	3T.	4T.	3T.	1t.	-	-	-	1t.	-
桃仁鸡丁	嫩鸡一只约一斤半重或鸡肉十二两	2T.	1/2t.	1/2t.	1t.	-	-	1t.	-	-	1T.	-	-
萝卜肫球	鸭肫或鸡肫四个	-	1t.	白醋2T.	2T.	3T.	3T.	1t.	-	-	-	-	-
生菜鸽松	鸽子一只或鸡肉六两或猪瘦肉五两	1T.	1t.	-	-	-	-	1t.	1/4t.	-	-	1t.	清汤1T.
咕咾肉	大排骨肉十二两	-	1t.	白醋3T.	4T.	5T.	4T.	3t.	-	-	-	1t.	-
糖醋荔枝肉	大排骨肉十二两	淡色酱油1T.	1/2t.	白醋2T.	3T.	3T.	-	1/2T.	-	-	-	1t.	-
蚝油牛肉	嫩牛肉全瘦腿肉十二两	-	-	-	1t.	1T.	-	1/2t.	-	2T.	-	1/2t.	-
中式牛排	嫩牛肉或菲利或外脊肉一斤	辣酱油1T.	1/2t.	-	1T.	5T.	2T.	-	-	-	1T.	-	-
茄汁鱼片	新鲜白色鱼肉十二两	-	1/2t.	白醋3T.	3T.	6T.	3T.	2t.	-	-	1T.	-	-
生炒鱼球	石斑鱼肉或白色鱼肉一斤	淡色酱油1t.	1/2t.	-	1/2t.	2T.	-	1t.	-	-	1/2T.	1t.	-
虾仁腰果	虾仁九两	-	1/4t.	-	-	-	-	-	-	-	1T.	1t.	-

铺上厚一点的湿毛巾。炉子上的火要小，使锅内慢慢升温，产生烟熏的效果。但也需要适时打开锅盖，把鱼翻一下，使其两面颜色均匀。待鱼皮呈现茶黄色时，一盘干香的熏鱼就可上桌了。

14. 拔丝

这是一道甜点的做法，可用苹果、香蕉、地瓜、山药等。材料都需先切成一块一口的大小，鸡蛋打匀放入面粉与水搅拌成糊，让每一块材料的表面都蘸匀，入八分热的油锅炸至金黄色，捞出来把油沥掉。

另外准备一锅，水中多放一些糖，以大火煮成热稠的糖浆，将去油的苹果等材料蘸上糖浆，再蘸点白芝麻，用筷子夹入冷开水中，过一下立即拿起来，糖浆由热急速变冷，就会产生一丝一丝透明的糖丝。

15. 松

鸡松或鸽松端上桌，因为要动手用饼或生菜包着吃，餐桌上的气氛会变得活泼起来。垫底的干米粉要用高温的油炸，翻面炸至金黄即捞出沥干油分，压碎放在盘子里。鸡肉或鸽肉（也有人用猪肉、鸡肝）都需先用太白粉加点水混合腌一下，切得越细越好；煎好的蛋皮切小块，与切成细丁的香菇、笋、青豆仁一起烩炒，淋上高汤、酱油、麻油、胡椒粉等调味料，起锅前加上韭黄，即可铺在垫底压碎的米粉上。用薄饼或生菜包着吃，方式有点像外国的墨西哥饼，但内容比较丰富也较多变化，口感也清爽多了。

综合调味

菜名	食材	酱油	盐	醋	糖	味素	番茄酱	太白粉	豆瓣酱	酒	麻油	其他
茄汁龙虾片	大龙虾一只或小龙虾两只	-	1/2t.	1/2T.	3T.	-	3T.	2t.	-	-	-	清水2T.
棒棒鸡粉皮	嫩鸡半只约一斤	3T.	-	镇江醋1T.	2t.	1/2t.	-	-	-	-	1T.	辣椒油1T.、芝麻酱2T.、花椒油(可免)1t.
麻辣子鸡	鸡一只或鸡肉十二两	2T.	1/2t.	镇江醋1T.	1t.	-	-	1t.	-	1/2T.	1/2t.	-
宫保鸡丁	嫩鸡一只约一斤半	2T.	1/2t.	-	1t.	-	-	1t.	-	1T.	1t.	-
鱼香肉丝	瘦猪肉半斤	1T.	1/2t.	镇江醋1T.	1t.	-	-	1t.	辣豆瓣酱1T.	1/2T.	1t.	胡椒粉少许、葱屑1T.
干烧明虾	明虾两只四两	-	1/6t.	-	1/6t.	1/6t.	1/2T.	-	-	米酒1/4t.	-	胡椒粉少许、酒酿1/4t.、辣椒酱1/2t.
酱爆青蟹	菜蚶两只一斤十二两	1/2t.	-	-	1/4t.	1/6t.	-	-	-	米酒3/2t.	3t.	葱汁5t.
红烧狮子头	绞肉两斤	6T.	-	-	2t.	1t.	-	-	-	米酒2t.	3t.	八角4颗、葱汁6t.
椒盐鲜鱿	大鲜鱿一条	-	-	-	-	5t.	-	1t.	-	-	-	味粉1/4t.、椒盐少许、豆粉(细)半碗
菠萝咕咾肉	猪脢头肉七至八两	老抽1t.	少许	浙江白醋1碗	黄糖大半碗	-	5T.	-	-	-	-	上汤/鸡汤1t.、生粉1t.、山楂饼刹碎3小包3t.、士多啤梨果酱3t.
酱爆虾球	花虾或大虾十二只	-	-	-	砂糖4t.	-	2t.	-	-	-	-	豆粉半碗、沙拉酱1t.、芥末粉
水煮肉	瘦肉250公克、白菜200公克	1t.	1/2t.	-	1t.	-	-	1.5T.	3T.	1.5T.	-	高汤400克、干辣椒10克、花椒20粒、葱适量、油100克、蒜末4瓣、姜末5克

16. 八宝

广东话"八"与"发"同音,数字有"八"最发,吃的料理就有八宝鸡、八宝鸭、八宝粥、八宝饭……八宝之中,只有糯米是相同的一宝,其他的宝,上海人喜欢香菇、肉、干贝、火腿、莲子、虾仁、鸭胗,台湾人喜欢笋丁、青豆、胡萝卜,广东人还喜欢加上腊肉。

糯米要先爆香,跟配料调好后塞入鸡鸭的肚子,隔水蒸熟。还有一种是鸡鸭先炸过再蒸,也有先蒸再炸的,名字就会在八宝前面加上香酥二字,如香酥八宝鸭就是一道大菜。八宝酱就不一定是八样,家里有什么都切成丁,跟豆瓣酱炒在一起即成。冰箱里随时有这一锅,半夜肚子饿了下碗面拌一拌,简单实用又温馨满足。

17. 干煸

干煸四季豆看起来皱巴巴的,从小家里冰箱常有这道菜,因为它可以放比较久。四季豆要先用油炸软,把油滗掉,继续以小火干煎,让它缩至焦黄起皱的样子。另外起锅把碎肉末与切得极碎的榨菜拌炒,加盐糖与一点点水,再放入炸软的四季豆,继续煸炒到完全收干水分。

有时候在餐厅看到的干煸四季豆是油亮亮的,那好像就不是干煸的本意了。

18. 醋熘、糟熘

醋熘,顾名思义就是以醋做主要作料,以醋熘鱼片最有名。油热到三分就把草鱼片放入锅底慢慢煎熟。然后起锅爆姜末,入镇江醋,配上酱油、糖、酒,勾芡倒在已煎熟的草鱼片上即成。另有一说是不放糖,改放可口可乐,那是所谓创新的尝试。

另外还有醋熘白菜、藕片或马铃薯丝,也都是很爽口开胃的。

糟熘是北方菜,要有好的香糟酒。但最好的香糟酒出自南方的绍兴,系由小麦与糯米加工混合,再加上桂花与黄酒浸泡而成;若酒用花雕或女儿红,做出的香糟风味更是不凡。

19. 清蒸、清炖

我有个香港朋友安妮,每次到餐厅硬要用她的广东话点菜,把"给我一条蒸鱼"说成"给我一只鲸鱼";"一碗白饭"说成"一元伯合"。但她自己做的"鲸鱼",可真是好吃!我向她学的。

鱼的厚度决定蒸的时间。鱼放在长盘内,上面铺些拍过的葱段、姜片与酒,待锅里的水滚即放入锅中架子上,蒸约八分半熟即取出,把盘里的葱姜与汤汁倒掉,再铺上大量切碎的葱与香菜,先以热油淋过,最后淋上调好的酱油跟糖的混合液。安妮用的酱油是生抽,我用的则是龟甲万。

如果是清炖牛腩,可以整条跟牛骨一起,放到用金华火腿、老母鸡等熬煮出来的高汤内,此高汤去除原料与油渣后,再跟骨头大火熬煮,第二次得出的汤称为"二汤",此二汤已得先天之优势,再经过火候的伺候,煮上大半天的,吃以前撒上切得最细的姜丝,整锅汤都可以喝得不剩,堪称人间美味。美食家王宣一那独到的牛肉,功夫更细致,是以"逐渐"的过程分三天让牛肉炖到软烂。那份用心令人感动,吃到嘴里更是从牙到胃都是惊艳。

20. 粉蒸

蒸肉粉是用米与干辣椒、花椒等干炒直到米变成黄色,水分都蒸发以后,用磨豆机或是果汁机磨碎,再调些五香粉即成。猪肉加入三分的油,两分的水,酒酿、酱油、糖、麻油、辣豆瓣酱,再配上葱末姜末与花椒粉腌制,蒸笼放上一个盘子,把地瓜或南瓜切片铺底,腌好的肉蘸匀蒸肉粉排整齐,大火蒸约三十分钟即可。也可以试试粉蒸肥肠、鱼块、芋头。

21. 避风塘

这是港式近三十年来的菜式,那时候的铜锣湾避风塘,有来自菲律宾、马来西亚或是泰国的渔船停泊,这些渔民们,在食物文化上的相互影响,因而造就了辛香辣浓郁,料理带壳的螃蟹或虾的独特口味。其口感重,香溢四处,远近驰名。螃蟹或虾拍段蘸上面粉或太白粉,起油锅,中大火快炸,炒到外壳酥脆起锅,利用一部分炸过的油,小火炒磨过的新鲜大蒜(量多)与红辣椒、干辣椒段、葱白、姜片等,小心控制火候,以免大蒜变焦苦。有些人此时会放入面包屑拌炒,待其香酥干爽后,将虾或蟹放回锅中大火同炒,并入白胡椒粉、糖、盐,或是港人爱用的鸡粉,还有很少的酱油与酒提味,切忌潮湿,干爽装盘。

22. 水煮

水煮鱼或水煮牛肉正统是川菜,上菜时没看到水,倒是看到一层油。所以这道菜的本领在油要香,这油可与干辣椒、山柰、花椒、八角、香菜等川式常用的香料小火伺候加热,待起香变色时,捞掉这些香料,就是自己独特的武器了。以一部分的香油与剁碎的辣豆瓣炒香,见颜色变了,再入干的辣椒段、大蒜末、姜片,最后放花椒,不能让花椒变黑,以免有苦味。可入鱼骨,再加酒、酱油、糖、花椒粉与胡椒粉,再一起拌炒后,入高汤再煮,此时再下草鱼片或是鲶鱼片或是牛肉片,汆烫一下即可。把这些倒入另外准备已经铺上黄豆芽或是青菜的深盘。

另起锅再入香油,要衡量此油量是否可以盖过深盘,加热,再入干辣椒,最后再上点花椒,待辣椒快变色,花椒没有变苦前,即可把此热油浇淋到深盘中即成。

如果鱼片改成牛肉片,则肉片要稍厚些,与料酒、酱油、淀粉腌制一下。也可把花椒撒铺在肉上,以擀面棍将花椒压碎入味。

春

蝴蝶宴

我们七八个女性朋友共组一个读书会,每一季轮流做主人,决定要读的书、见面的场地、吃喝的餐点。今年春天轮到我做主人。我选了法国*ELLE*杂志前主编Jean-Dominique Bauby的回忆录《潜水钟与蝴蝶》。这本书是他四十四岁脑中风全身瘫痪后,用仅有知觉的一只眼睛,由他的朋友替他点字写成的,完成的第二天他就去世了。

薄薄的一本书,说着那禁锢于病床的瘫痪肉身里,一直藏着自由的灵魂,像蝴蝶一般在天空飞舞。书已出版十多年,那灵魂一直感动着我,蝴蝶飞翔的画面也不时出现在眼前。加上气象预测,我们见面的那天中午是好天气,适合办户外餐会,"蝴蝶宴"的构想于是成形了。

我张罗了三十几只蝴蝶来,分装到每一个客人的餐盘中,用网子罩住。这道菜端上桌时,所有的朋友都惊声尖叫,欢呼不已。我向她们解说作者被禁锢的灵魂却像蝴蝶永远自在飞翔后,请她们同时掀开网罩,让蝴蝶回到天空飞翔。三十几只羽翼斑斓的蝴蝶,陆续飞出网罩,在我们周边翩翩飞舞,然后落入附近的花树间,那是我一直想跟她们分享的情境。我准备的餐点是玉米茄瓜浓汤、庭园沙拉与三明治、小汉堡等。快乐的餐会不止于口舌之间的食物,视觉的享受也一样的重要。如果能有一个主题,绕着主题来发挥,更能让人留下难忘的回忆。

本次聚餐的压轴戏为最后上的一道菜，我准备了一个人一盘活蹦乱跳的蝴蝶，大伙倒数计时，一起放飞。与会者无不惊艳。

养身

后擦干身体，喝杯生姜红糖茶，出身汗，当下就觉得身体轻松许多。经常旅行的我，近年很怕长途飞行，因为身体固定在位置上，久了双腿会痛。有次上飞机前，我先用拍痧棒轻轻地拍打大腿，几分钟后痧都出来了，坐飞机才不会腿痛。

刮痧后暂时不要洗澡，以免湿气进入，在痧没有退去前，不要反复再刮。而且切记刮痧时不能过重，不要刮到"皮破血流"。坊间有些店，替人刮痧过重，造成筋膜发炎，血压飙高中风，甚至破皮引发蜂窝组织炎、微血管纤维化等，不可不小心。

拔罐是利用负压吸附的原理，将肌肉层累积的酸性物质往表层释放，以达到刺激血液循环的作用。对于落枕、电脑手臂之类的毛病，拔罐是非常有效的疗法。早年拔罐是用火把竹罐或玻璃罐处理热了，放在不舒服的部位，现在市面上有用机器替代的，机器的力量不能大，轻柔是很重要的。

我曾经因为五十肩痛苦不堪，手根本抬不起来，结果靠着治疗师帮我放血而得到立刻的舒缓，让我不得不佩服中医的经验传承。放血之前，必须先把要放血的区块附近肌肉予以搓揉纾缓，消毒后，用针均匀刺在选好的部位，再用拔罐的杯子去吸住，通常会从刺针的孔位吸出非常黏稠的血液，那些黏稠的血液，就是造成我们不舒服的原因。不过放血后要注意伤口保养，以免细菌感染。

反射区、穴道与经络，是我们所熟悉的中国医学名词，其分布大都是沿着人体头部、躯干及手脚之间呈南北的走向。中国人对于那些手掌、脚掌、舌头反射区挂图，并不觉得陌生，虽然来源不明，也没有任何生理学的理论基础，但来自我们长期的生活经验，认知按摩的意义与效果。我们的老祖宗，为了对应不同的症状，发现身体的穴道有三百六十五个之多。至于经络，它们的作用是负责联系身体各器官与组织之间的气血运行。气血是生命最重要的能源，不同的经脉与络脉，都有一定的循环路线，人体一旦生病就会影响气血运行，针灸医学的基本原理，就是利用长短不一的细针，分别扎进不同的穴位，经由刺激的作用发挥对应治疗，使气血能够恢复运行，甚至可以发挥到美容瘦身的目的。我们去看中医时，医生都要看病人的舌头。"活"这一个字，是舌头上面有水，透露了舌头上的颜色润泽度滑燥与舌苔厚薄等，是敏感的反映身体体质与病兆的征兆。有谓"舌为心之苗，又为脾之外候"，舌头是可以敏感地反映出我们身体状况的。转动舌头、咬牙叩齿或是油拔法清洁口腔等，都是属于运动与简易的居家理疗法。西方人对于看不到的气，没有办法做出定论。中国医学却靠着几千年来可贵的经验传承下来，在每一个不同的人身上，结合此人不同的自然外在条件及内在机能，统合地做出整体的治疗。

针灸可说是我们最著名的古老医术，针刺进的刹那会有酸的感觉，但不会痛，也不会出血，许多人看了往往大感神奇。但也有人误以为扎针很痛，抱着恐惧与排斥的心理，其实一旦能够克服，针灸确实是很有效的疗法。

源自老祖宗的传统疗法其实还有很多独到的派别，有一派则是绝对不碰痛点，从痛点对称的位置或是源头的位置开始松解，松解的手法则让病患感觉到有气、热、电或是类似会窜

传统疗法

中医有一句话："不通则痛",真是至理名言。在日常生活中,许多人确实因气血不通,出现各类型筋骨酸痛,需要寻求治疗。西医的疗法通常是开止痛药,但那只能治标,而且会伤胃伤肝伤肾,所以一般人遇有身体酸痛,还是习惯寻求传统疗法。

筋骨酸痛的原因,除了车祸、跌倒、职业灾害等意外受伤留下的后遗症之外,多系长年累月的轻忽所造成,"冰冻三尺非一日之寒"。我自己的酸痛远因是年轻时不知道保养,超过体能的负荷量、开长途的车、长时间穿不合脚的鞋子和高跟鞋、拎太重的东西、搬东西时用力不慎等;近因则是缺少运动、电脑桌前坐太久、姿势不正等。种种自己种下的因,都于近五十岁时开始一一来向身体反击。

现代的年轻人,也常出现各类酸痛问题,除了不知道挺胸,让脊椎输送养分给全身以外,其他原因包括运动过量导致的筋骨、肌肉伤害,或在冷气房过久,身体没有适度排汗;或嗜吃喝冷饮,影响血液循环,以致体内寒气湿气过多等。一般人也忽略肩颈裸露在外,容易受凉而产生僵硬,供血不足,日久就会产生颈椎酸痛。还有一种现代人的通病,用脑过度而又身体劳动不足,各类型压力没有适时纾解,使身体一直处于备战状态,日久就出现大脑与身体失衡,好像永远处在疲惫不适的状态,严重的会情绪低落,性情丕变,误以为是心理问题,吃了许多冤枉药。

超越自己是很好的态度,但不适用在运动上。长一辈的都会劝年青一代运动要适量,不要过度。就算是瑜伽等软性运动,都很可能会伤到筋骨的,所以中庸与适度是运动需要建立的心态。

对于怎样与我们的身体和平相处,我自己的经验是要懂得日常保养,学习放松,尤其需要时常做些柔软运动,促进排汗与血液循环。目前流行的柔软运动,如气功、太极拳、太极导引、瑜伽等,都兼顾放松吐纳,能导引内在的气血循环至全身肌肉,对纾解身体非常有益。中医的理论为肝主筋、肾主骨,对于筋骨酸痛的原因来自跌打损伤、积累劳损、肝肾亏虚等,这些毛病若经久不愈,则可以食疗的方式来调理肝肾,以活血化瘀,补肾强筋,除去体内的寒气湿气等,进而增加身体的元气。

不管如何,有痛就要医,不要累积成病,造成身心无谓的耗损。所幸我在台湾能够轻易找到解决疼痛的传统疗法,才不至于因酸痛困扰而影响日常的生活作息。

我们的传统医理中有所谓的"痧",即是循环不通畅,暑热、邪热困于肌肤表面,以致发烧头痛,这些可用刮痧、拍痧之法治疗。如果是肌肉酸痛,可用拔罐与放血疗法。如果是筋骨酸痛,则有筋络按摩、推拿按摩、整脊、整膝等方法。针对穴道,则有穴道按摩、脚底按摩、针灸等。种种方法都以通畅血脉为优先,平衡阴阳为首要,再藉以驱邪扶正,进而达到调节五脏六腑的气血之效。当气血恢复通畅,肌肉恢复弹性,人的身体也就恢复健康了。

拍痧与刮痧具有"急则治其标"的原理,比如感冒、发烧、中暑、头痛、肌肉僵硬酸痛等。古老的办法是在一个窗户紧闭的房间,脱掉上衣,在背部用牛角制的刮痧板刮痧,由颈椎双侧到双肩,再转到脊椎两侧,通常会看到暗红色与鲜红色的痧透过皮肤表面冒出来。之

推拿

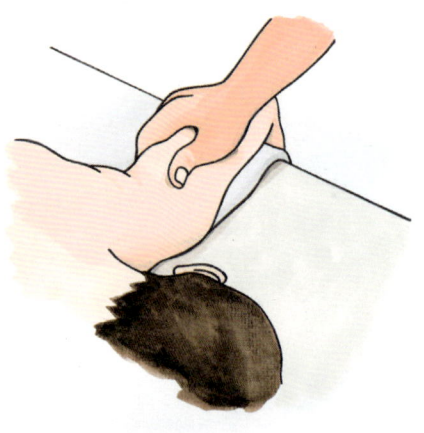
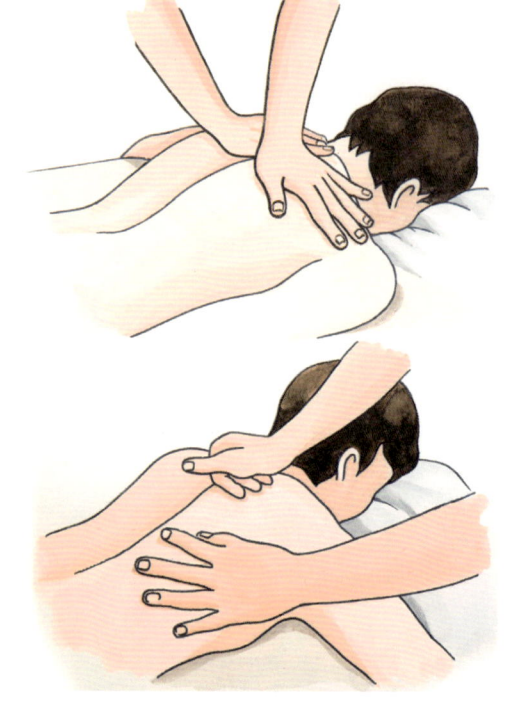

中国人的推拿的"推"是指往一个方向走，"拿"则是抓起肌肉，是一种完全不具有副作用且安全的按摩手法，通常压住肌肉、吐气等都是非常安全的办法。

拔罐

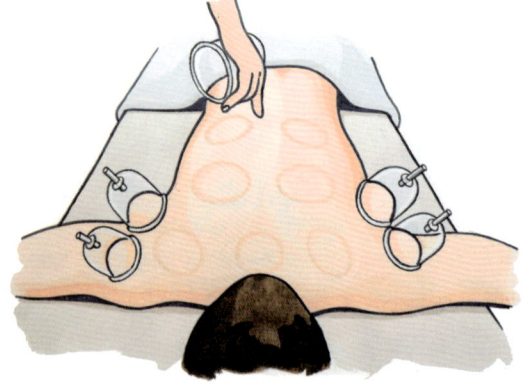

拔罐法，中国人早年用的道具是竹杯，杯身内用火烧热后，另用热的吸力吸住身体不舒服的肌肉位置，可放松肌肉并释放不良的循环。

拔罐法可以针对全身的肌肉，肌肉被杯子紧收后会凸起，放开后如有一圈红色，甚至黑色，则是反映肌肉因为疲劳而产生的累积物质释放出来的结果，通常一两天会散去。有时更严重的情形还需要放血，是用针扎肌肉的皮肤表面，再用杯子拔，会将一些浓稠循环不良的血液吸出来，针对五十肩等的病患，则可以立即舒展。这些都可能不是西方医学所能解释的，很多受惠良多的中国人，知道这是我们民间极为普遍的民俗医学。

的小针直入筋骨血脉，待全身通畅后，才针对痛点做处理。

鞋子的选择影响深远，很不鼓励女孩子们模仿杂志上那些踩着高跷的模特们，因为上了年纪一定需要付出所谓高挑线条的痛苦代价的。而百分之九十的人脚的形状都最好有鞋垫来帮助身体重心的平衡，以免老来小腿疼痛，筋膜发炎，这些都是过来人的劝告。

任何有效的按摩，必须力道持续均匀，手法刚柔并施。按摩治疗的手法有很多种，比如揉、擦、点、击、搓、掐、抖等，都有其对应的位置与范围。以前我不知道自己的肌肉已经僵化麻木，每每希望按摩师的力道越重越好，其实那是非常错误的观念，因为那只是一种力量的刺激，而不具有医疗的效果。

如果肌肉筋骨已经受伤，治疗的时间点也需要有经验的治疗师做判断。有时要冰敷，有时要热敷，有时要泡药，有时要治疗，最好不要自己妄做决定，以免造成发炎，影响的范围更大。

举凡以上的各种治疗方法，许多人都忽略了补充水分与排汗的后续动作。体内的浊气或酸性物质等废物，都是靠着排汗散出体外，一定要切记这个善后动作，多喝水，多排汗。

大部分的中国人，都有一种疗养自己的方法，大多是经验法则的传承。我们的气脉、经络学等，因为抽象而神秘，有些人不愿信服。近年来，通过各种科学仪器的分析与比对，希望为气脉、经络找出可以与科学依据整合的原理。而幸运的我们，因为相信老祖宗的经验传承，得以享用先人累积下来的智慧，在筋骨疼痛时，靠着传统疗法解除了痛苦。

古老中国人的智慧，针扎下去的穴点不会有血出来，扎下去若有酸的感觉，则表示已通到穴位。

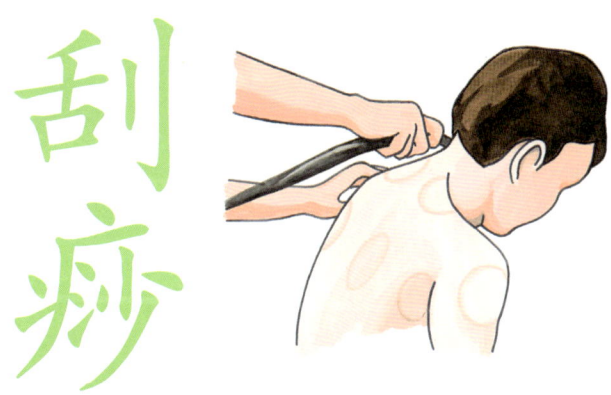

刮痧法可以除去各种轻微不舒服的症状，如果呈现的颜色是红黑色，则表示体内不好的气借由皮肤散出来，刮刀古代用动物的角，现代则只要有消毒过的任何平面的道具都可。

假做真食

真易假

我们的生活中，从新闻到食品，充斥着或真或假的讯息，多到已经分不出真相了。近年来假新闻、假食物当道，做父母的，需要教导孩子们有分辨的智慧。手机讯息快速地转发，商业利益与有心炒作的新闻处处可见，个人消费与喜欢点阅的习性已经变成大数据，这数据经再包装之后喂回给当事人，因此，网络世界直接或间接地控制了从国家政治到消费需求到个人兴趣等。这些事态的演变，也不过是在三五年间，不知不觉地，我们都变成网络与媒体的受骗或受害者。对待新闻，要学习不盲目转发，辨别真假才是第一个要建置的反应。

食物安全的议题，是近年常见的报纸头版消息。我的孩子们在美国，我总跟他们抱怨我们这里有多么不安全，他们则跟我抱怨他们那里的食品商与政客，与研究机关的垄断手段，基因作物一再被质疑，孩子们说他们吃的鸡肉不是鸡的肉，污染环境的生产流程让食物种不出来了，粮食问题接踵而来，将来可能靠3D打印机印出食物来给人吃呢！我们还开玩笑想，世界上的食品标签干脆增加"真假比例说明""对天发誓"与"测谎"标章好了。

假食物横行，美国基因作物无所不在，整个超市约有五分之一都是基因玉米，玉米浆的加工品，"假食品"比"真食物"多。在台湾与祖国大陆则是"瞒天过海，以假换真"，一不小心就吃到没有橄榄的橄榄油，没有芝麻的麻油，假酒，没有水果的果汁、果露、花茶，混充的八角，泡水发大的木耳，玉米改造的发菜，没有蜜的蜂蜜，给猪狗吃的健素糖，没有豆子的豆腐，藕粉中混入薯粉，味精中混入食盐，糯米粉中混入大米粉，以袋鼠肉混牛肉，饲料用的婴幼儿奶粉，假乳粉，假海蜇皮，冒充鳕鱼的油鱼，人造猪血，染色青豆，冒充厂牌国别的食物，鱼目混珠的米……天保佑做这些食物的人没有杀人的动机。

毒食物横行，用多氯联苯将米糠油加热脱臭，被工厂废五金、废弃物排放的污水影响到的水产养殖，污染土壤的镉米，利用霉变饲料，利用喂猪的饲料制成淀粉或糯米成品，死猪死鸡或发霉香菇制作贡丸花枝丸，过期公粮偷运出去当作最新大米贩卖，过期食品回收再制，漂白毛肚，黑心蜜饯，抛光过的陈米，农药残害，催芽速生的豆芽，鲜奶残留抗生素，变质猪肉，染色肉品，复冻肉，抗生素大闸蟹，注水肉，膨风水果，地沟油，馊水油……骇人听闻的事件时有所闻。而食物检测常常查到超标的数值，不卫生的生菌、大肠杆菌，过量橘霉素常寄生于快餐或便利商店或是腌制食品中。

我最怕看到的就是"又见黑心，全民吃下肚"的新闻，父母们需要展开间谍保卫战的准备，不能让有毒食品介入生活，家长们要有"眼见为凭"的习惯，才能有自己的主张。因之，有必要随时怀疑，培养孩子们从小认识"真食物"与"假食品"的分别，积极教育正确的饮食行为，让孩子们知道食品形成的原因，建立孩子们对自然味觉与添加食品的分辨能力，有自我天然的嗅觉味觉档案。在所有的"战略"过程中，除了采买上的常识认知，"回家吃饭"大概是最方便安全的办法，家里做不出跟餐厅一样好吃的料理，但绝对是新鲜安全的。我记得小时候，家里总会有一份未来一周准备要烧的菜单，这是很好的习惯，可以花时间全家一起讨论未来的菜单，逢年过节可能放肆一下之外，平日该拉回极为健康的家庭饮食。加强意识教育，有这样的规划，就可以有效地控制饮食行为。建议父母让孩子们学习带"自己的餐具水壶"的习惯，注意高温塑料与免洗筷的坏处，兼顾卫生与环保。不要让孩子养成喝合成饮料的习惯，敏感地认知"滑口剂"的作用或零食酥脆软蓬松与色泽的陷阱，那些都是要付出慢性生病的代价。学会看食品标签，在吃食前一定要问问自己，这是怎么做的？或者我吃的究竟是"真食物"还是"假食品"？

全家一起去逛超市，就是一个活生生的饮食教育，我们可以看到沿着墙面需要插电的，大概属于未加工的食物，其他走道除了生活用品外，把平日厨房常用的东西扣掉，剩下的大概都是需要防腐、包装的食品；记住广告做得越大的饮料与食品，其真实食物的成本越低，说穿了也是很好辨认的。那些加工食品贴着食品标签，通常会列出"营养标示"的标题，包含热量、蛋白质（来源如动物肌肉、乳制品、蛋、豆类、谷类和薯类等）、脂肪（含饱和脂肪、反式脂肪）、碳水化合物（富有淀粉或简单的糖类）、钠或其他营养素。同时也可能出现比如"高钙""高铁""低钠""低胆固醇""高纤维"等字眼，我总会以"凡是宣称的，必是匮乏的"来再度商榷这些字眼。你得注意的是色素、香精、食品添加剂、产地信息、生产日期保存日期、反式脂肪的使用与用什么油做成的。如果看到一些创新的名词，考验着我们的化学常识与字

	1200 大卡	1500 大卡	1800 大卡	2000 大卡	2200 大卡	2500 大卡	2700 大卡
全谷根茎类（碗） 全谷根茎类（未精制）（碗） 全谷根茎类（其他）（碗）	T: 1.5 1 0.5	T: 2.5 1 1.5	T: 3 1.5 1.5	T: 3 1.5 1.5	T: 3.5 1.5 2	T: 4 1.5 2.5	T: 4 1.5 2.5
豆鱼肉蛋类（份）	3	4	5	6	6	7	8
低脂乳品类（杯）	1.5	1.5	1.5	1.5	1.5	1.5	2
蔬菜类（碟）	3	3	3	4	4	5	5
水果类（份）	2	2	2	3	3.5	4	4
油脂与坚果种子类（份） 食用油（植物油）（茶匙） 坚果种子（份）	T: 4 3 1	T: 4 3 1	T: 5 4 1	T: 6 5 1	T: 6 5 1	T: 7 6 1	T: 8 7 1

注：把一克水的温度提高一摄氏度，需要一卡路里的热能。一千卡路里相等于一千卡，千卡（大卡）是量度食物能量的常用单位。评估每个人一日所需要的能量若约在一千二百千卡到两千七百千卡之间做规划，依照健康的五大类要素：蛋白质、脂肪、碳水化合物、维生素、矿物质，建议可依照如图示的设计每日饮食量。食物的分量可以每个人的手拳与掌来依照计算，其中豆鱼肉蛋类，以手掌切割为一份的尺寸，分成大中小三种手掌，自行衡量。（资料来源：台北市立联合医院仁爱院区）

词的发音念诵时，建议家长只要想我祖母年代没吃过的，我看到没有看过的文字符号，发音怪怪感觉的，心里则要明白那些大概都是更深层的加工品。食品甜水花在广告上的成本很高，走一趟食品原料街，看到太阳每天高温照射在那些装在塑料桶，没有水果的化学颜色水、冻与糖精、滑口剂后，相信你就不太敢再喝这贴着俊男美女广告的毒饮料了。你想自己泡一杯茶会不会涩涩的？做一杯果汁，是否几个小时就变质了？这个道理并不高深，唉！曾几何时，"喝白水"居然变成一个要刻意建立的好习惯呢！

很多食品添加剂说明都标示在符合卫生当局标准的范围，或是一天安全量之内，只是我们忽略了这一点那一点，也很少有人有空会记录自己吃下去的东西，但身体最终要负荷的是有限的，"减法"真是有必要运用的。我想当今保健一再强调要运动流汗，就是要我们尽可能地把身体的毒素排掉。常常听到得重症的人痊愈的故事，多半都执行戒除任何加工食品再侵入身体。当今饮食的另一个保护自己的办法，就是不要重复着吃，经常换着吃，就算是健康食品，蔬果鱼肉贩的种类与来源等，也都以"轮替法"执行，让身体有机会全然代谢。近年来，食品安全一再出状况，已然威胁到每一个人，每一个家庭，世风日下，假做真食的技术手法万千，就连很多生产者，都在不知情的状况下害了消费者。政府单位的政策只是用抓、用罚，或凭检验数据来替已经吃坏了的民众定罪了事。除了教育与协助厂商的立场外，政府当研习先进国家对食品管理的程序

看食品标签首先确定重量，需要重新计算如果我吃完全部的话，以此类推。

以此巧克力饼干为例，137克/100克=1.37，所以整包吃完，热量是476大卡×1.37=652大卡。所有营养素也都要乘上1.37。

成分的标示顺序都是以含量由高到低的排列，所以这饼干的成分首位是砂糖，其次才是面粉。若你拿着的一片饼干，大部分是砂糖，那你不是在吃饼，你是在吃糖。不过，我很高兴看到这个厂商自愿标示的过敏源信息，也很喜欢它说明生产线还产什么，因为对有些对花生极度过敏的人，这个诚实的告白是很重要的信息。

NUTRITION FACTS/营养标示	
NUTRITION	Per 100g 每100克
ENERGY/能量/热量	476 kcal/千卡/大卡
PROTEIN/蛋白质	5.0 g/克
TOTAL FAT/脂肪	21.0 g/克
SATURATED FAT/饱和脂肪	10.0 g/克
TRANS FAT/反式脂肪	0 g/克
TOTAL CARBOHYDRATES/总碳水化合物	69.0 g/克
DIETARY FIBRE/膳食纤维	4.0 g/克
SUGARS/糖	38.0 g/克
SODIUM/钠	428 mg/毫克

品名：巧克力夹心饼干　净重：137克
成分：砂糖、小麦粉/面粉、非氢化植物油（棕榈油-含抗氧化剂E319 TBHQ/第三丁基氢）、可可粉(5%)、果糖糖浆、精盐、玉米淀粉、膨胀剂(E500ii, E503ii)、大豆卵磷脂/乳化剂(大豆卵磷脂)、食用香料/调味剂　※过敏源信息/致敏物信息：含有小麦和大豆
※此生产线也生产含有牛奶和花生的饼干

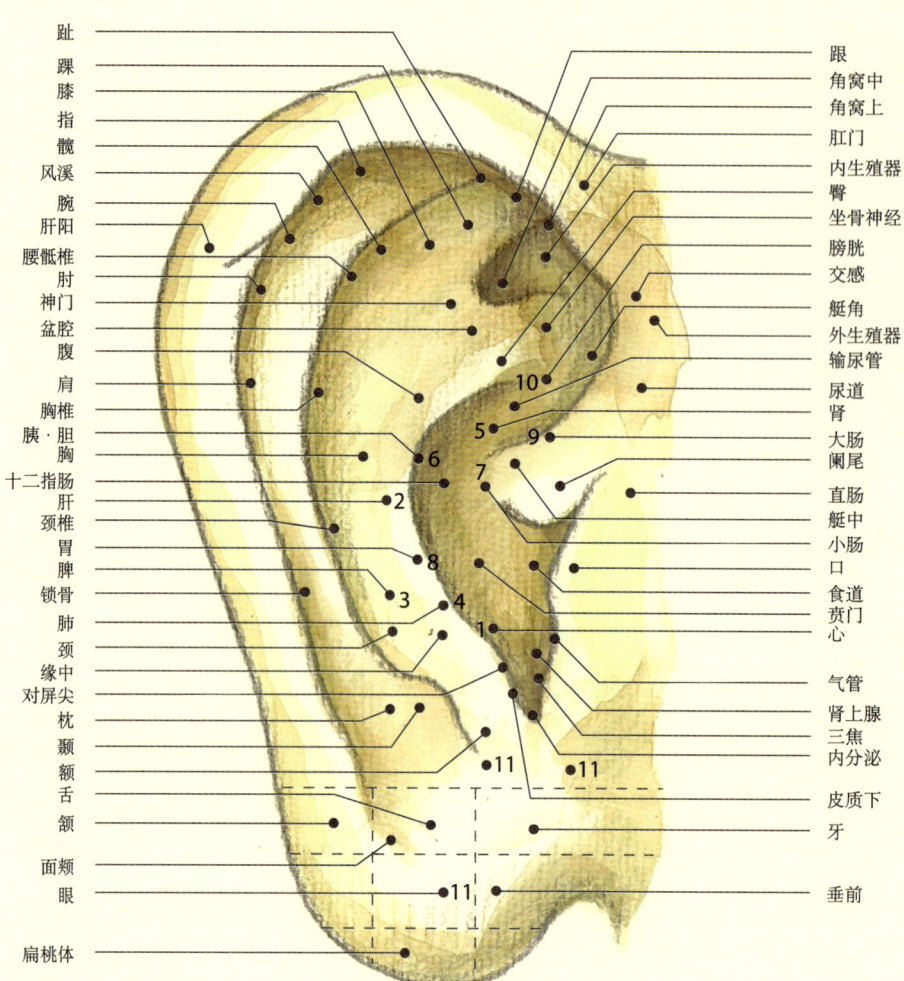

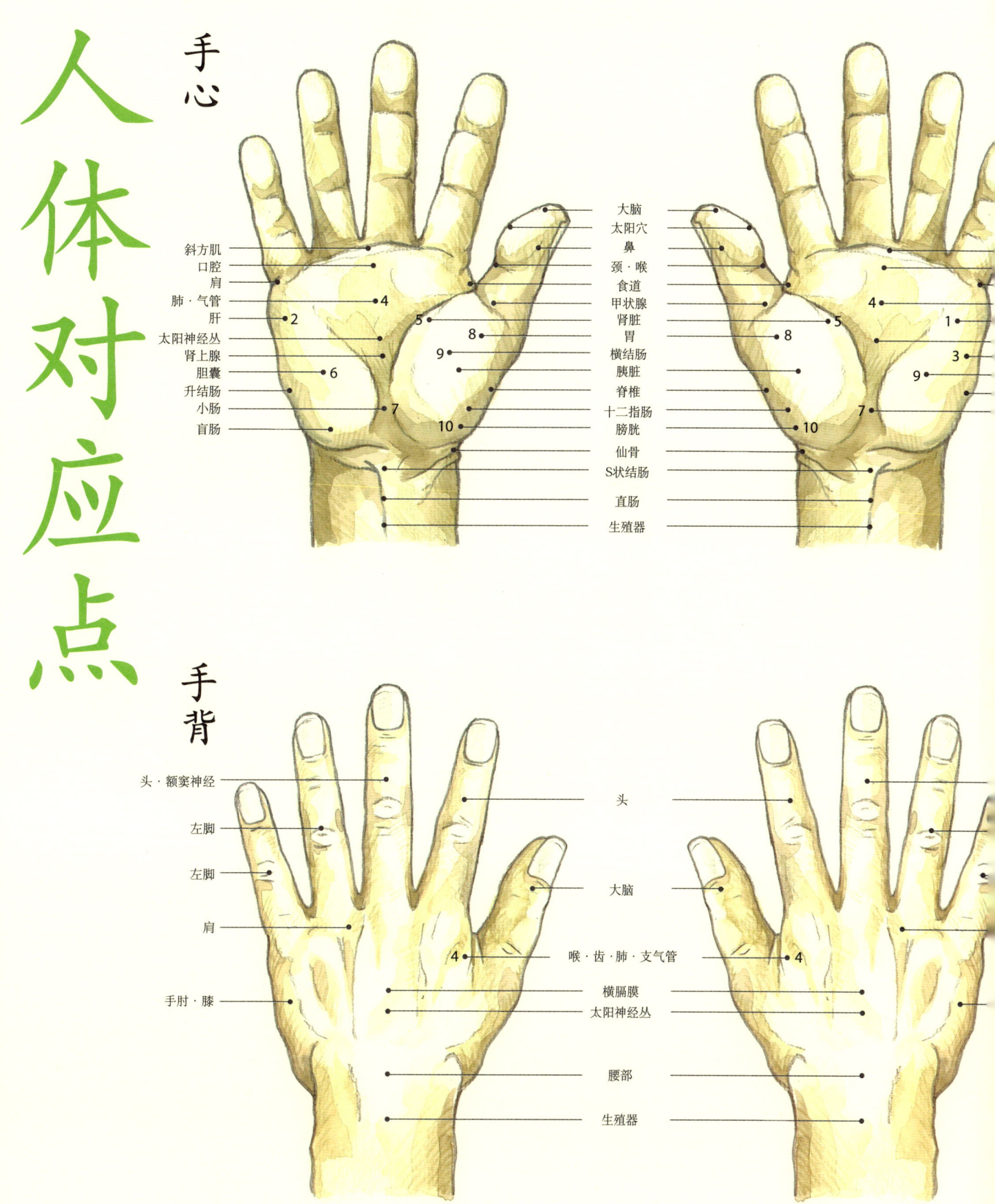

重量450克/100克=4.5，所有的营养素都要乘以4.5，则热量是175大卡。
这里提供每100克提供每日营养素摄取量基准值之百分比供参考，其基准值为：
热量2000大卡、蛋白质60克、脂肪55公克、碳水化合物320克、钠2400毫克、饱和脂肪18克、胆固醇300毫克、膳食纤维20克、维生素A 600微克、维生素B1 1.4毫克、维生素B2 1.6毫克、维生素C 60毫克、维生素E 12毫克、钙800毫克、铁15毫克
资料来源：卫生福利部食品药物管理局
依照成分比，这种标明为"柳橙汁"的成分，因其标示"浓缩"两字含糊，我并不能判断浓缩的比例，因此在我看来，这就是色素糖水。这个糖水的糖分，就连蔗糖，都是精致过度，对身体不好的糖分，更何况糖浆类了，所以只能说它是有着柳橙香味的糖水。

NUTRITION FACTS/营养标示	
每一份量100毫升 本包装含4.5份	每100克提供每日营养素 摄取量基准值*之百分比
热量　　　　　　39大卡	9%
蛋白质　　　　　0克	0%
脂肪　　　　　　0克	0%
饱和脂肪　　　　0克	0%
反式脂肪　　　　0克	
碳水化合物　　　9.4克	13%
糖　　　　　　9.4克	
钠　　　　　　　16毫克	3%
维生素C　　　　4毫克	30%

品名：柳橙汁　净重：450ml(毫升)
成分：水、高果糖糖浆、蔗糖、柳橙果肉、柳橙浓缩汁、香料、柠檬酸、柠檬酸钠、维生素C、β-胡萝卜素

```
                            脂肪酸(FA)
                    ┌───────────┴───────────┐
          饱和脂肪酸1/3(SFA)          不饱和脂肪酸2/3(UFA)
          室温下呈现固态，            身体无法制造，需自食物摄取，
          多余的会堆积于血管壁上      又称为必须脂肪酸，需要摄取
          动物性油脂、椰子油
```

单元不饱和脂肪酸(MUFA)
Omega 9 有植物多酚，
具有抗氧化抗发炎作用
坚果核果有丰富来源
（建议每日25~30 CC）

橄榄油、油菜籽油、花生油、苦茶油、芥花油、芝麻油、酪梨油

多元不饱和脂肪酸(PUFA)
W3与W6脂肪酸有竞争性抑制作用，摄取量需要平衡

W3 Omega-3免疫功能上具有 抗发炎作用，不耐高温， 来自亚麻仁油、深海鱼油	W6 Omega 6免疫功能上趋向于发炎反应，研究显示现代人类服用超标，来自植物、谷类、果仁、籽，（由于现代畜牧养殖以谷物代替放牧，因此畜产品中也含有W6的成分，当以为计算）
鱼油脂肪主要有EPA与DHA两种、 亚麻仁籽油、紫苏油	葵花油、大豆油、玉米油、芝麻油、葡萄籽油、月见草油

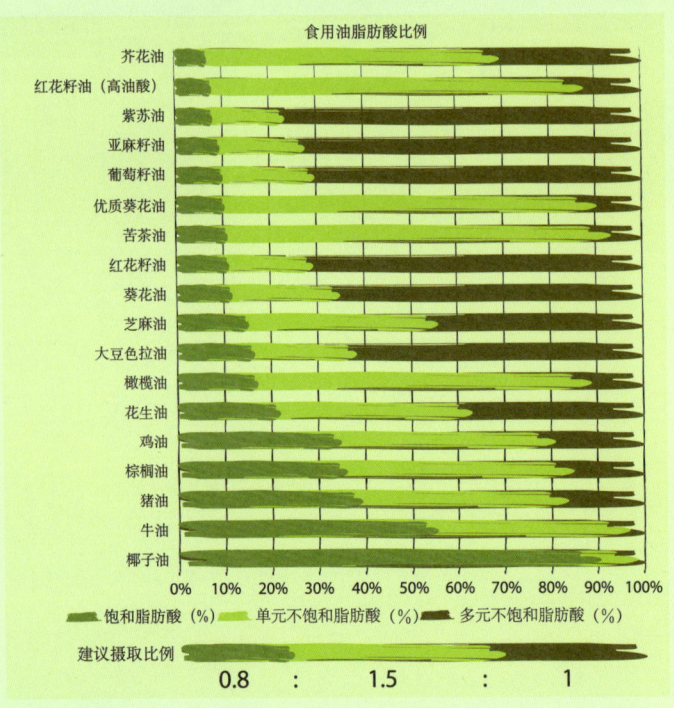

资料来源："卫生署"、小港医院、台中区农业改良场、有健康网

与知识，检讨自己的进货法令漏洞，掌握食材与废材的通路，彻底地展现出一位大家长该保护自家人的责任。

反式脂肪曾经被认为是工业时代"伟大的发明"，为了解决不饱和脂肪酸容易氧化的问题，食品工业界就把不饱和脂肪酸氢化，使它变成饱和的氢化脂肪酸，成为半固体的油脂。它还曾被视为健康营养的替代品，让诸多食品厂商以其替代一般油品，来达到稳定油脂和防腐的效果。据美国心脏协会说，它是第一种进入美国食品供应的人造脂肪，直到二十世纪九十年代才发现其对身体的坏处。但食品生产商却很难戒除反式脂肪，因为它能让食品乳化与滑润，保有香脆口味与较长的保存期限。它藏在食品里面，名称凡有起酥油、油酥、稀油酥面、抑霉起酥油、氢化酥油、点心用起酥油、植物起酥油、转化脂肪酸、氢化油、植脂末、人造奶油、人造黄油、植物奶油、固体菜油、雪白奶油等，都是它的百变名称。我们可能要有意识想想自己吃下了多少？现在的烘焙界，很难戒得了它，人造奶油、洋芋片、饼干、酥皮糕饼、派、面包、罐头酱

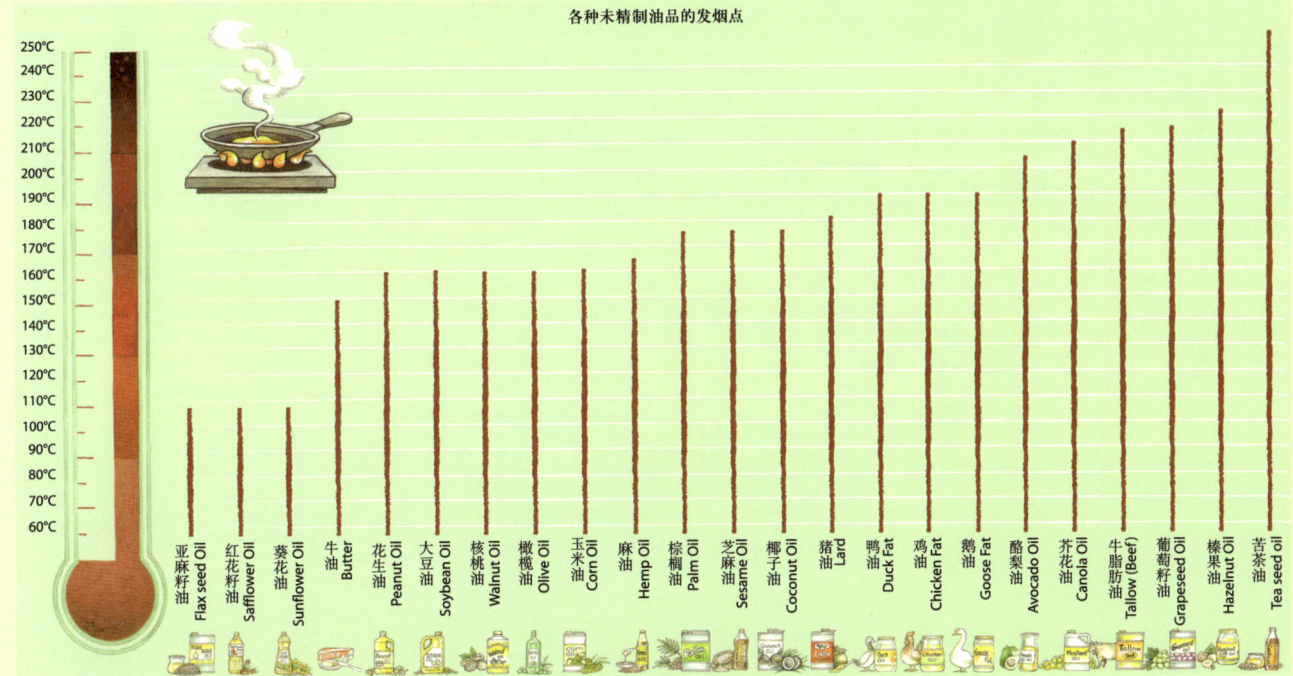

注：凉拌(49℃/120℉)，水炒(100℃/212℉)，中火炒(163℃/325℉)，煎炸(190℃/375℉)
资料来源："行政院"卫生署食品信息网、康健杂志、安法诊所、Wikipedia、Harvard School of Public Health、Hormel Foods、Spectrum Oils、The Culinary Institute of America (1996). The New Professional Chef, 6th edition, John Wiley & Sons

汁、布丁、调味料、冷冻食品、薯条、巧克力派、蛋黄派、布丁蛋糕、糖果、冰淇淋、奶茶……这些食品的香酥脆软滑，靠的就是这个"伟大的发明"。所幸二〇一三年十二月《纽约时报》刊载"从神奇产品到饮食贱民"："反式脂肪，一种在糖霜和其他食物中发现的阻塞动脉血管的成分，遭遇了美国食品药品管理局的禁令。"

当地球变成平的以后，饮食的习性，经历重重叠叠的交融，除了需要建立一些常识外，也当要常常去了解最新的食用安全建议。

一般油炸的温度约在一百七十度到一百九十度，烘焙温度也在一百六十度到二百度。中国人用油的习惯，一贯是以高温油炸为手法，早年的油炸用的是猪油，听起来觉得胖上加胖，但近年研究，猪油可能比合成油品要好些，一直以来觉得不好的椰子油，近年又发现冷压非氢化过的，有其特殊的中链脂肪酸的好处。现在认定某些油品可以接受较高的温度，但研究显示，油品到达煎炸的高温，再好的油都变成是对身体有害的，油品与健康的新信息不断出现。以前我不以为意油的温度，近年来才知道高温大火翻炒可以，但高温油炸绝对是不建议采用的烹调手法。现在进口的油，可能不适用中国烹调的高温，油品一旦冒烟，容易产生自由基与致癌物质。炒菜时要避免高温油烟的产生，可以利用冷高汤降低油的温度。低温榨取与未精制的纯质油品比所谓精制混搭有营养，最好不要加热，用在沙拉凉拌菜。那些标榜调和油或精制油，频频受到争议，因为把不同的油纯化的过程，或再制油精炼的过程，少不了高压与高温的提炼或融合，除味与染色的过程，将会破坏营养，也会让油产生变化。此外高温油炸动物油脂绝对不可重复使用，提炼过的脂肪酸、反式脂肪是需要避免的。常温下会凝固的油品要控制摄取量，饱和脂肪酸在油品中虽然有较稳定的优点，但会转化成胆固醇，引发心血管疾病，其存在于一般鱼肉奶蛋类食品当中，需要控制摄取量，网站上最常被使用的美国心脏协会建议数据，饱和脂肪酸与单元不饱和脂肪酸与多元不饱和脂肪酸当以0.8∶1.5∶1的比例摄取。二〇一〇年日本厚生省公布的则是1∶1.33∶1。

不饱和脂肪油品，摄取过多对身体也有负面的影响，它并没有好坏的差别，要注意使用上的细节，如温度的规矩、分解吸收或体质需求上的常识，如多元不饱和脂肪酸要注意的是：鱼油与亚麻籽油中的Omega 3与来自谷物与植物中的Omega 6的摄取要维持平衡；含有丰富单元不饱和脂肪酸的Omega 9如橄榄油，选择初榨冷压的，不要加温。厨房当准备多种油品，当选择高油酸的油，采买以小瓶包装，冷藏保存，不要放热炉边上，不要存放太久，把高温油炸的习惯改成低温煎炒，增加地中海式的餐饮。我们身体热量有很高的成分来自油脂类，花点时间调配脂肪比例，定制化自己的菜单，都是要学会的新课题。用对油的食物，隔了夜都还好吃，不会有难闻的气味，很好辨认。营养学日新月异，中国食物对油品学问有待加强。好的油代价高，一般餐厅也不会注意油品的温度和重复使用炸油的风险问题，这也说明了"回家吃饭"是最好的保卫战术。

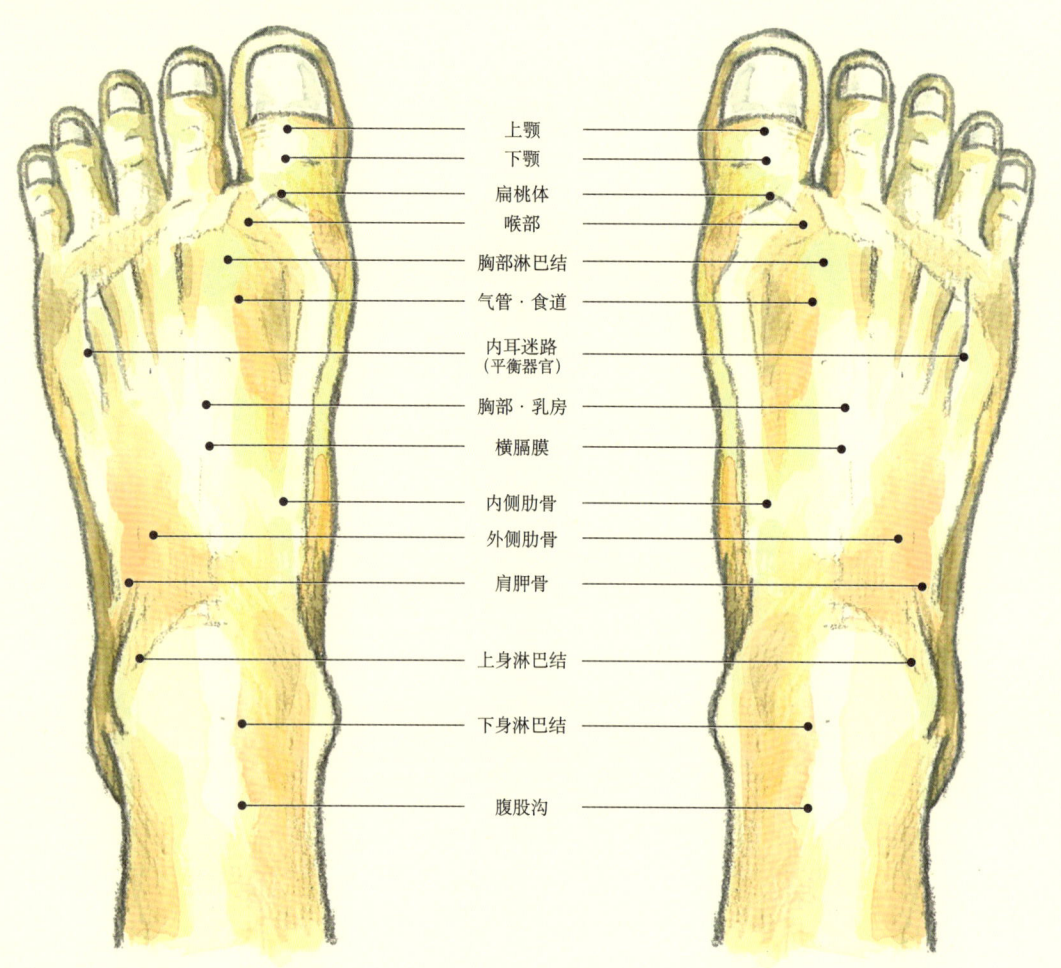

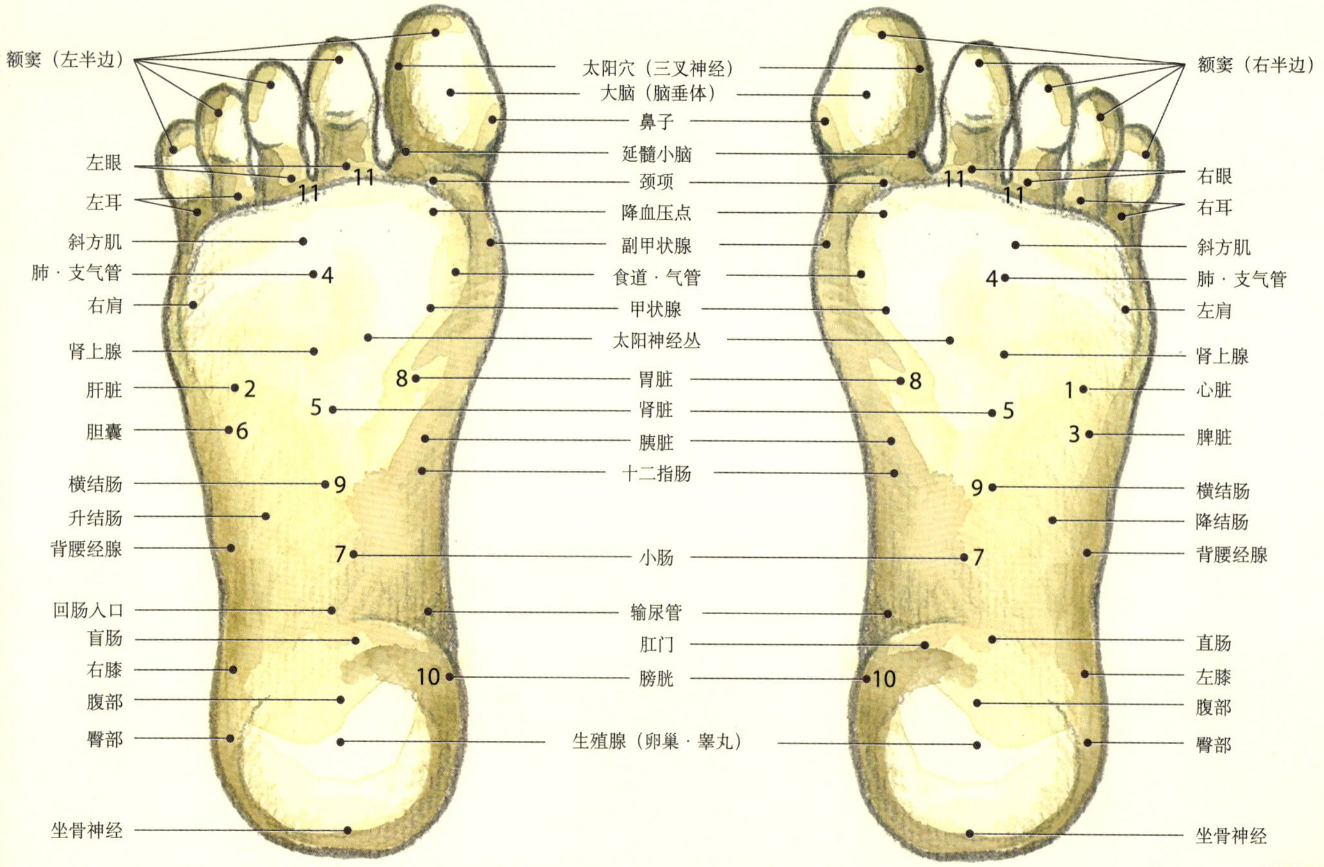

1 心

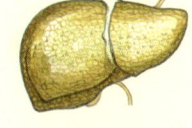
2 肝

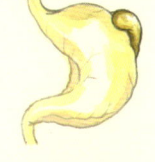
3 脾

4 肺

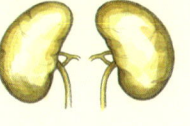
5 肾

6 胆

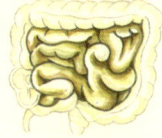
7 小肠

8 胃

9 大肠

10 膀胱

11 眼

舌

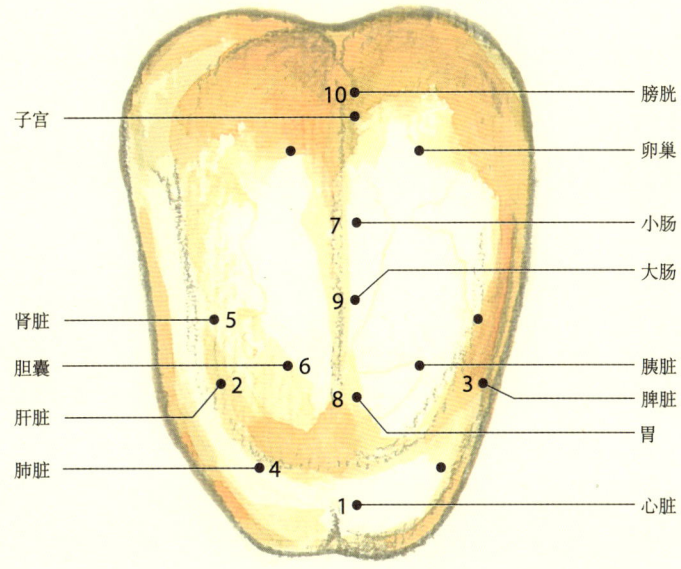

子宫 — 10 — 膀胱
— 卵巢
— 7 — 小肠
— 9 — 大肠
肾脏 — 5
胆囊 — 6 — 胰脏
肝脏 — 2 — 3 — 脾脏
— 8 — 胃
肺脏 — 4
— 1 — 心脏

脚背

舌下

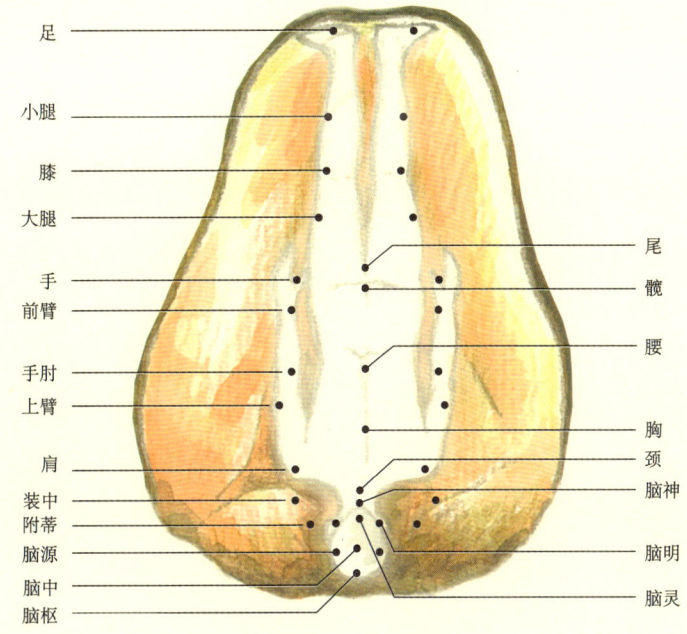

足
小腿
膝
大腿
手 — 尾
前臂 — 髋
手肘 — 腰
上臂
肩 — 胸
装中 — 颈
附蒂 — 脑神
脑源 — 脑明
脑中
脑枢 — 脑灵

脚底

理家计财

计划

  理家不只是打扫清洁买菜做饭，更重要的是财务的管理与计划，开销与存款储蓄都需要计划。我小的时候，银行制度不像现在这么完善普及，很多家庭都是靠标会来调度急需或储蓄。积少成多是那个年代的理财之道，如果有闲钱四五十元，多半会继续累积到变成一百元整数去存起来。现代人生活比较优渥，有闲钱四五十元的话，大概会另外再挪出一二十元来满足欲望。花钱是一种习惯，近几十年来经济学家鼓吹要刺激消费，信用卡预付制度的营销，养成的奢侈或是促销下的消费行为，是违背我们老祖宗的教导的。今天全世界的经济问题，是不是过度造成的？高等学府教导的营销学，在乎的是消费这一个行为，但并不多见分析是否有购买此产品的必要，现今满街奢华的媒体广告，大大违反了节俭爱物的美德，挑逗着我们对购物欲望的满足。

  控制自己的欲望不容易，有记录则可以分析出自己的消费习惯。我在网站上看到一个简单的记账表，方便好用，可以借数字提醒自己学习节省，或找出预算的合理数据。这是程式记载消费分类并有分析，是一位大家昵称"双胞胎拔拔"的工程师撰写的。经过他的同意，我把它美化后转载于本书中。此外，一些分析存款的公式，可以帮助你计划一笔远程的数额。参加保险，以前大多为了健康保障，现在则已变成兼具储蓄的一种方法。培养正确的价值体系，是有必要加强的，早年我们被教导的是先努力赚钱再谈花钱，有需要才花钱，这个概念与习惯，是不容忽视的。

6月	7月	8月	9月	10月	11月	12月		

年度總表

各月收支總計

每月餘額	1月	2月	3月	4月	5月

各項支出總計

伙食費					
日用雜貨合計					
教育·教養費					
治裝費					
醫療費					
美髮費					
交通費					
清潔費					
喜慶·交際費					
買菜費用					
其他					
電費					
水費					
瓦斯費					
網際網路費(撥接/ADSL)					
第4台收訊費用					
行動電話費					
行動電話費					
保險(汽機車/房屋)					
個人保險費(老公)					
個人保險費(老婆)					
房租					
稅金(燃料/房屋/所得)					
國外基金存款					
定存					

每日的紀錄	1	2	3	4	5	6	7	8	9	10
休假日/節日	元旦									
	品名 金額	品名 金額	品名 金額	品名 金額	品名 金額	品名 金額	品名 金額	品名 金額	品名 金額	品名 金額
主食 早餐										
中餐										
晚餐										
飲料										
副食										
零食										
外食										
伙食費合計										
日月雜貨										
教育·教養費										
治裝費										
醫療費										
美髮費										
交通費										
清潔費										
喜慶·交際費										
買菜費用										
其他										
收支合計										
臨時收入										
餘額										

月家計表

2009年1月家計簿

本月收入

項目	金額	進帳日
薪水(夫)		
薪水(妻)		
年終獎金		
收入合計		

本月生活費

項目	購買金
伙食費	
日用雜貨合計	
教育·教養費	
治裝費	
醫療費	
美髮費	
交通費	
清潔費	
喜慶·交際費	
買菜費用	
其他	
生活費合計	

本月固定支出

項目	金額	支出日
電費		
水費		
瓦斯費		
網際網路費(撥接/ADSL)		
第4台收訊費用		
行動電話費		
行動電話費		
保險(汽機車/房屋)		
個人保險費(老公)		
個人保險費(老婆)		
房租		
稅金(燃料/房屋/所得)		
國外基金存款		
定存		
固定支出合計		

本月餘額

累計餘額

本月留言

著作权人　财团法人大元教育基金会
传家网址　www.artofchineseliving.com
编　　著　姚任祥
作　　者　姚任祥
文字整校　季　季
摄　　影　刘振祥　姚任祥
执行主编　刘玉贞
插图绘画　叶子明
美术设计　段世瑜　陈怡茜　方雅铃
美术顾问　霍荣龄
场景布置　姚任祥
传家团队　方雅铃　田瑾文　林宜熹　许贞玮　叶翠茹
　　　　　陈怡茜　陈碧兰　蔡孝君　赖怡姗
法律顾问　常在国际法律事务所　林秋琴律师

资料收集
一、本书第26、29、38、39页
文案撰写　杨升儒
二、本书第47页前三段，第50、51页
文案撰写　李应平
三、本书第123-126、131-134页之器物长轴表汇整：
　　　　　姚任祥　林宜熹　彭亮雍
四、本书第128、129页
文案撰写　林宜熹
五、本书第139-142、147-150页之服装版型制作人：
　　　　　No.1　常淑君　No.23　许凤玉
　　　　　No.09、13、17、20　陈官薇
　　　　　其余十七套　郑惠美
二十三套服饰制作：蔡明宇
六、本书第187-190页之朝代汇整：
　　　　　姚任祥　林宜熹　方雅铃
七、本书第195-198页之出版总表汇整：
　　　　　姚任祥　刘君祖　林宜熹
　　　　　汪招菁　赖晓云　季　季
八、全书资料收集：姚任祥　陈怡茜　许贞玮
　　　　　　　　　郑虹伶　赖怡姗　汪招菁
　　　　　　　　　林宜熹

第3版简体中文版编辑团队
编务统筹　张立宪
图片编辑　黎　亮
美术编辑　艾　莉
助理编辑　杨　雪
特约审校　黄　英　吴晨光　马国兴
　　　　　刘　亚　潘　艳　王　慧
责任印制　黎　亮　田　歌

特别说明：为普及本书所传达的"中国人的生活智慧"，作者姚任祥女士主动放弃《传家》所有版权收入，以降低全书定价，惠及读者，特此鸣谢。
新星出版社

著作版权合同登记号：01-2019-4216

图书在版编目（CIP）数据

传家：中国人的生活智慧.1，春/姚任祥编著.
——4版.——北京：新星出版社，2019.8（2021.10重印）
ISBN 978-7-5133-3593-5

Ⅰ.①传… Ⅱ.①姚… Ⅲ.①中华文化-通俗读物
Ⅳ.①K203-49
中国版本图书馆CIP数据核字（2019）第120061号

传家：中国人的生活智慧·春

姚任祥　编著

责任编辑　汪　欣　姜　淮
美术编辑　冷暖儿
内文制作　刘洁琼
责任校对　刘　义
责任印制　韦　舰　李珊珊

出版发行　新星出版社
出版人　马汝军
社　　址　北京市西城区车公庄大街丙3号楼　100044
网　　址　www.newstarpress.com
电　　话　010-88310888
传　　真　010-65270449
法律顾问　北京市岳成律师事务所

读者服务　010-88310811　　service@newstarpress.com
邮购地址　北京市西城区车公庄大街丙3号楼　100044

印　　刷　北京雅昌艺术印刷有限公司
开　　本　870mm×1160mm　1/16
印　　张　72.25（共四卷）
字　　数　800千字
版　　次　2019年8月第四版　2021年10月第四次印刷
书　　号　ISBN 978-7-5133-3593-5
定　　价　480.00元（共四卷）

版权专有，侵权必究；如有质量问题，请与印刷厂联系调换。

声明：本书中所设计的实用性列表等信息，来自前辈们生活中的经验论谈，或查访网站上各类型的叙述，信息源头难以一一赘述。我们整理刊登的动机，纯属善意的提醒与分享，并以趣味性的组合呈现。信息内容请读者自行确认后再行适用。